PARTI SOCIALISTE

(Section Française de l'Internationale Ouvrière)

XXIᵉ CONGRÈS NATIONAL

30-31 Janvier — 1ᵉʳ - 2 - 3 Février 1924

MARSEILLE

RAPPORTS

de la

Commission Administrative Permanente

ADOPTÉS DANS LES SÉANCES
DES 19 ET 26 DÉCEMBRE 1923

Rapport des délégués du Parti à l'Internationale

Rapport du Groupe Socialiste au Parlement

Rapports du "Populaire" et de la Librairie

PARIS
LIBRAIRIE POPULAIRE
12, Rue Feydeau, 12

1923

PARTI SOCIALISTE

(Section Française de l'Internationale Ouvrière)

XXIᵉ CONGRÈS NATIONAL

30-31 Janvier — 1ᵉʳ- 2 - 3 Février 1923

MARSEILLE

RAPPORTS

de la

Commission Administrative Permanente

ADOPTÉS DANS LES SÉANCES
DES 19 ET 26 DÉCEMBRE 1923

Rapport des délégués du Parti à l'Internationale

Rapport du Groupe Socialiste au Parlement

Rapports du *" Populaire "* et de la *Librairie*

PARIS

LIBRAIRIE POPULAIRE

12, Rue Feydeau, 12

1923

RAPPORT MORAL

présenté par Paul FAURE, *Secrétaire général du Parti*

Trois ans depuis Tours. Je ne dis pas : déjà ! Car ce furent trois longues années, rudes, âpres, où, pour continuer l'effort tenace et constant de propagande sans lequel un Parti s'étiole, végète et meurt, chacun de nous eût besoin d'avoir le militantisme et le socialisme ancrés en lui d'incroyable manière, dans son âme, dans sa chair.

Trois ans à rebâtir notre Parti, à reconstituer nos fédérations, à refaire nos groupes, ~~ ns les outrages, les calomnies, les violences des communistes.

Trois ans, au cours desquels, ceux d'entre nous qui se donnaient le plus à la propagande en étaient « récompensés » par une plus grande somme d'outrages et de vilenies.

Mais oublions ces choses.

Regardons avec joie et fierté notre grande famille socialiste, plus nombreuse et plus unie chaque jour et où les débats et les discussions s'engagent dans une atmosphère de cordialité aimable qu'il faut à tout prix maintenir.

Nous n'y aurons pas, je le crois et je l'espère, grande difficulté, parce que les batailles menées en commun, les coups reçus — et donnés — ensemble ont créé entre nous une confraternité d'armes que de longtemps personne dans nos rangs ne voudrait ni ne pourrait oublier.

Le Parti socialiste et le socialisme en France sont maintenant sauvés.

Il y a un peu de remous, un peu d'hésitation au seuil de l'année 1924, à cause des élections générales et du régime absurde sous lequel vont se faire une fois encore les opérations du scrutin. Rien d'étonnant. Il en fut toujours ainsi et des problèmes plus difficiles ont été néanmoins résolus. —

Nous discuterons, nous chercherons à faire prévaloir nos conceptions de méthode et de tactique. Mais tous nos débats seront dominés par le souci absolu et exclusif d'unité, et par la volonté d'avoir de bonnes élections, de grandir notre Parti, puissant par sa doctrine, riche d'idées, invulnérable par la discipline de ses troupes.

La traversée a été difficile et mouvementée. Mais nous voici au port. Nous allons un instant jeter l'ancre à Marseille. Notre vaisseau solide, avec son vaillant équipage, entre en rade par mer calme et ciel limpide, battant rouge pavillon.

Nous irons d'un cœur joyeux et d'un esprit confiant à de nouvelles et victorieuses croisières.

L'espérance et la foi nous portent.

Paul FAURE.

RAPPORT ADMINISTRATIF

présenté par HUBERT ROUGER, *Secrétaire adjoint du Parti*

I. — Constitution de la C. A. P.

La Commission administrative permanente nommée par le Congrès de Lille se constitua de la façon suivante :

Secrétaire général : PAUL FAURE;
Secrétaire adjoint : HUBERT ROUGER;
Trésorier : J.-P. GRANDVALLET.

COMMISSION DE PROPAGANDE. — *Secrétaire* : Hubert Rouger. *Membres* : Bracke, Caille, Compère-Morel, Goude, Grandvallet, Lebas, Jean Longuet, Maurice Maurin, Le Troquer, L. Osmin, Pressemane, titulaires; Delépine, H. Prété, suppléants.

COMMISSION DES FINANCES. — *Secrétaire* : Gaston Lévy. *Membres* : Auriol, Gaillard, Grandvallet, Hubert Rouger, P. Mistral, titulaires; Lucien Roland, Vendrin, suppléants.

COMMISSION DES RELATIONS INTERNATIONALES. — *Secrétaire* : Paul Faure. *Membres* : Auriol, Bracke, Grumbach, Jean Longuet, Paul-Boncour, Renaudel, Séverac, titulaires; Evrard, Delépine, Varenne, Zyromski, suppléants.

COMMISSION DES CONFLITS. — *Secrétaire* : Georges Mauranges. *Membres* : Grandvallet, Le Troquer, titulaires; Barrion, Délépine, Frot, F. Morin, Ramadier, Saumoneau, suppléants.

COMMISSION DES ARCHIVES. — *Secrétaire* : J.-B. Séverac. *Membres* : Maurice Maurin, B. Mayéras, E. Poisson, P. Renaudel, titulaires; H. Binet, Dannely, Uhry, suppléants.

II. — Les Effectifs. — Le Retour à la vieille maison

Le rapport au Congrès de Lille, enregistrant la constitution de 69 Fédérations, dont 66 rassemblant le nombre de 100 cotisants réglementaires.

Une Fédération, celle de Constantine, a cessé de cotiser au cours de 1923 par suite de l'absence de propagande.

Deux sont tombées au-dessous de 100 cotisants, celle du Calvados et celle du Cantal.

En revanche, cinq nouvelles Fédérations se sont constituées : le *Lot*, la *Drôme*, la *Tunisie*, la *Meurthe-et-Moselle*, la *Loire*.

Le Parti compte donc 73 Fédérations, dont 69 comptent au moins 100 cotisants.

Il a des adhérents dans 83 départements.

Dans 50 départements il compte plus de cotisants que l'an dernier, ce sont : *Aisne, Alpes-Maritimes, Ardennes, Ariège, Aube, Aude, Aveyron, Bouches-du-Rhône, Basses-Pyrénées, Charente-Inférieure, Côte-d'Or, Côtes-du-Nord, Creuse, Dordogne, Drôme, Deux-Sèvres, Eure, Eure-et-Loir, Finistère, Gard, Gironde, Hérault, Haut-Rhin, Haute-Savoie, Indre-et-Loire, Isère, Loire, Loire-Inférieure, Loiret, Lot, Manche, Marne, Meurthe-et-Moselle, Nord, Pas-de-Calais, Puy-de-Dôme, Pyrénées-Orientales, Rhône, Saône-et-Loire, Seine-et-Marne, Seine-et-Oise, Seine-Inférieure, Somme, Tarn, Tarn-et-Garonne, Tunisie, Var, Vaucluse, Vendée, Vosges.*

Dans 16 départements le même nombre de cotisants ont été enregistrés : *Allier, Ardèche, Bas-Rhin, Cher, Corrèze, Hautes-Alpes, Hautes-Pyrénées, Haute-Vienne, Indre, Maine-et-Loire, Meuse, Moselle, Nièvre, Orne, Sarthe, Seine.*

Dans une quinzaine de départements, il y a eu quelques cotisants en moins en 1923 qu'en 1922 : *Ain, Algérie, Charente, Doubs, Haute-Garonne, Gers, Ille-et-Vilaine, Lot-et-Garonne, Loir-et-Cher, Morbihan, Oise, Haute-Savoie, Vienne* et enfin le Cantal et le Calvados déjà cités.

Dans 9 départements le S. F. I. O. n'a compté aucun

cotisant en 1923 : *Belfort, Haute-Loire, Haute-Marne, Jura, Landes, Lozère, Mayenne, Savoie, Yonne.*

Le Secrétariat est en correspondance avec des groupes et militants des Landes, Lozère, Yonne, qui ont manifesté leur intention de se regrouper à la S. F. I. O.

En résumé, 46 Fédérations sont en progression ; 12 maintiennent leurs effectifs ; 9 n'ont perdu que quelques adhérents, 6 sont en regression.

Les Fédérations ayant accompli le plus grand recrutement sont : Les *Bouches-du-Rhône, l'Hérault, le Finistère,* qui *toutes trois ont plus d'adhérents qu'avant la scission.*

La Fédération des Bouches-du-Rhône a cotisé à 12 timbres pour ses 2.620 adhérents ; le Finistère compte 100 adhérents de plus qu'au moment de Tours, et l'Hérault 400.

Viennent ensuite : Le Puy-de-Dôme qui a récupéré 79 % des effectifs de 1920 ; l'Aude 78 % ; le Haut-Rhin 75 % ; le Tarn 65 % ; la Gironde 56 % ; la Loire-Inférieure, 55 % ; les Ardennes 51 %.

Ensuite parmi celles qui ont réalisé de sérieux progrès au cours de 1923 : *le Gard, l'Isère, le Rhône, la Saône-et-Loire, la Seine-et-Oise, le Pas-de-Calais, les Côtes-du-Nord, la Haute-Saône, la Marne, la Charente-Inférieure, la Creuse, la Somme.*

Voici le classement des Fédérations par le nombre de cartes prises en 1923, ainsi que le rang occupé par elles l'année précédente.

Rang de classement en 1923	FÉDÉRATIONS	Nombre de cartes placées en 1923	Rang de classement en 1922	Rang de classement en 1923	FÉDÉRATIONS	Nombre de cartes placées en 1923	Rang de classement en 1922
1	Nord	8000	1re	42	Aveyron	250	49e
2	Pas-de-Calais	4250	2e	43	Vienne	230	35e
3	B.-du-Rhône	2620	5e	44	Drôme	210	
4	Seine	2605	3e	45	Vaucluse	200	53e
5	Haute-Vienne	2000	4e	46	Orne	200	47e
6	Hérault	1756	11e	47	Cher	200	46e
7	Finistère	1600	8e	48	Algérie	200	40e
8	Bas-Rhin	1500	6e	49	Loir-et-Cher	200	25e
9	Haut-Rhin	1500	9e	50	Deux-Sèvres	175	65e
10	Gironde	1500	7e	51	Lot	156	
11	Puy-de-Dôme	1355	10e	52	Dordogne	150	64e
12	Isère	1162	14e	53	Indre	150	52e
13	Rhône	1154	15e	54	Côte-d'Or	145	66e
14	Var	1020	12e	55	Vendée	144	68e
15	Saône-et-Loire	928	18e	56	Eure	140	59e
16	Seine-et-Oise	835	21e	57	Morbihan	120	56e
17	Gard	810	24e	58	Pyrénées-Or.	120	62e
18	Allier	800	13e	59	Lot-et-Garonne	119	42e
19	Oise	800	16e	60	Eure-et-Loir	115	58e
20	Ardennes	736	19e	61	Loire	110	43e
21	Aude	705	26e	62	Hte-Savoïe	100	55e
22	Tarn	652	23e	63	Htes-Alpes	100	63e
23	Seine-et-Marne	645	20e	64	Gers	100	51e
24	Hte-Garonne	532	17e	65	Corrèze	100	37e
25	Loire-Inférieure	530	33e	66	Tarn-et-Gar.	100	69e
26	Vosges	470	43e	67	Doubs	100	50e
27	Aisne	446	27e	68	Charente	100	57e
28	Hte-Saône	434	38e	69	Loiret	92	67e
29	Somme	430	30e	70	Calvados	65	61e
30	Indre-et-Loire	415	28e	71	Cantal	56	54e
31	Seine-Inf.	410	29e	72	Meurthe-et-Mo.	50	
32	Charente-Inf.	405	39e	73	Tunisie	50	
33	Creuse	400	32e	74	Manche	50	
34	Marne	380	34e	75	Basses-Pyrénées	36	
35	Ain	375	22e	76	Alpes-Marit.	35	
36	Aube	350	44e	77	Ariège	30	
37	Maine-et-Loire	315	31e	78	Meuse	25	
38	Sarthe	300	41e	79	Ardèche	20	
39	Côtes-du-Nord	300	48e	80	Moselle	20	
40	Nièvre	266	45e	81	Htes-Pyrénées	20	
41	Ille-et-Vilaine	250	36e	82	Lozère	15	

Le Retour à la Vieille Maison

En 1921 le rapport de la C.A.P. signalait déjà le retour à la S. F. I. O. de quelques militants et groupes l'ayant momentanément quittée après Tours. Celui de 1922 enregistrait de nouvelles réadhésions dans une douzaine de départements.

Cette année-ci le rapport pourrait mentionner une nomenclature importante de maires, comme P. Poncet, de Montreuil, *Clévy*, de Troyes, de conseillers municipaux, de groupes et de militants revenus prendre place au sein du vieux parti.

Résumons en indiquant que depuis la scission, la S.F.I.O. a retrouvé des élus des groupes et des militants dans plus de 20 départements : *Aube, Aveyron, Bouches-du-Rhône, Bas-Rhin, Drôme, Finistère, Gard, Gironde, Hérault, Haut-Rhin, Haute-Vienne, Isère, Lot, Nièvre, Nord, Oise, Puy-de-Dôme, Rhône, Saône-et-Loire, Seine, Somme, Var.*

Et parallèlement s'effritaient les forces communistes, le Parti qui se glorifiait au lendemain de Tours de 130.000 adhérents, n'en annonçait que 80.000 au lendemain du Congrès communiste de Marseille, 50.000 après celui de Paris, et n'ose plus donner la liste réduite de ses effectifs réels, en 1923.

Le groupe parlementaire communiste a perdu un tiers de ses membres et ne compte plus que 10 députés. (Maurel, exclu; Baron, en congé; Dormoy, indépendant; Lafont (U. S. C.) et J. Nadi, S. F. I. O., ayant quitté le P. C.

Le groupe communiste à l'Hôtel de Ville de Paris ne compte plus que 6 unités. La Vieille Maison abritera bientôt tous ceux qui savent que c'est dans son unité politique de classe que le prolétariat trouvera la force pour abattre le régime capitaliste.

III. — **La Propagande**

Le Parti a édité un tract de propagande à répandre gratuitement dans les réunions. Il contient un bref appel et définit les buts du socialisme. A son verso, une formule d'adhésion au Parti, et un bulletin d'abonnement au *Populaire*.

Tiré à 500.000 exemplaires, il est à la disposition des Fédérations et des sections à un prix relatif de bon marché qui permet la distribution gratuite.

Indiquons que nos Fédérations et Groupes n'en ont pas fait l'abondant usage que nous avions prévu, mais ajoutons que certaines de nos Fédérations en ont imprimé des éditions spéciales sorties des presses d'imprimeries locales.

Dans ses séances des 11 et 18 juillet, la C. A. P. décida l'organisation d'une série de meetings de propagande pour les 27 et 28 octobre, 10 et 11 novembre, avec 3 orateurs, un élu, un militant régional et un militant local.

L'ordre du jour de ces meetings fut ainsi arrêté :

1° *La politique intérieure* (l'œuvre du Bloc national et le programme du Parti socialiste);

2° *La politique extérieure* (le problème des réparations et l'aventure de la Ruhr; le Parti socialiste pour la reconstruction de l'Europe et la paix du monde);

3° *La doctrine socialiste* (la nécessité de renforcer l'organisation politique du prolétariat et de développer la presse du Parti).

Les meetings furent précédés d'un manifeste aux Travailleurs de France qui fut publié par le *Populaire*, les organes du Parti, et par un certain nombre de grands journaux de la presse quotidienne de province. En voici le texte :

LE PARTI SOCIALISTE AUX TRAVAILLEURS DE FRANCE

Dans quelques mois, la France va renouveler sa représentation nationale.

La réaction, dès maintenant, s'agite et jette ses filets.

Jusqu'au Président de la République, toutes ses forces vont se jeter à la bataille. C'est à coups de « billets » qu'elle l'engage dès aujourd'hui. Elle se flatte, par la *Ligue des Intérêts Économiques*, de rassembler une centaine de millions pour maintenir le Bloc national au pouvoir.

C'est ici le *sort de la République française* même qui sera l'enjeu, et par conséquent, *celui de la classe ouvrière* qui, avec la classe paysanne, constitue la plus forte masse de toute démocratie.

C'est, plus encore, *l'avenir de la paix* qui dépendra du résultat. Car les destinées de l'Europe sont liées au destin politique de la France, dont la sagesse et la fermeté pacifique devraient éclairer la route pour la concorde et la solidarité humaines.

Si le Bloc national, ou ce qu'il représente, triomphait de nouveau, *c'est pour trente ou cinquante ans peut-être la consolidation des dictatures de réaction* dans le monde. C'est, avec les lois laïques, *les conquêtes ouvrières menacées.* C'est l'impôt continuant d'être réparti au bénéfice de nos grands mercantis. C'est la fraude fiscale encouragée. C'est pour une durée imprévisible l'arrêt de tout progrès social dans notre propre pays.

Le Parti socialiste (S. F. I. O.) ne veut pas se laisser surprendre par les événements.

De ses doctrines générales, il n'a rien à retrancher devant la concentration capitaliste, dont la guerre, loin de le diminuer, a accentué le rythme devant l'affaiblissement plus ou moins rapide des classes moyennes frappées par les crises répétées entraînant une prolétarisation toujours accrue devant la misère qui vient frapper jusqu'à la porte de tous ces petits pensionnés ou retraités ou même des fonctionnaires, dont les ressources tombent à rien par la vie chère.

Le Parti confirme donc que, pour ces raisons, *il doit toujours condamner la propriété sous ses formes capitalistes,* et qu'en *réalisant la propriété sociale des grands moyens de production et d'échange,* il veut aller jusqu'à la racine même des iniquités pour fonder solidement un droit nouveau et par là même révolutionnaire.

Pour cette œuvre, qui dépasse les buts électoraux, le Parti socialiste veut *que les travailleurs s'organisent* et s'apprêtent à prendre en mains les rênes de toute économie sociale : production, échange, consommation.

Mais le Parti socialiste n'entend négliger aucun des moyens efficaces d'action.

Il veut conquérir le pouvoir politique, non pour lui, non

pour un intérêt étroit de parti, mais pour le bien de la nation, pour que les travailleurs de tout ordre, intéressés au développement de la production et au rendement public, ouvriers de la main ou de la pensée, paysans, employés, fonctionnaires trouvent, avec la liberté, cette stabilité que ni le coût croissant des charges de la vie, ni les chômages toujours menaçants avec les crises des changes et l'anarchie capitaliste, ni les inquiétudes de maladie ou de vieillesse ne permettent de rencontrer en des temps si incertains.

Il veut devenir le gouvernement de la France, et ayant conquis le pouvoir politique, travailler énergiquement à la paix, et organiser la démocratie économique et sociale en perfectionnant notre démocratie politique encore si insuffisante.

EN DONNANT LE POUVOIR AU SOCIALISME, C'EST A EUX-MÊMES QUE LES TRAVAILLEURS REMETTRONT L'INSTRUMENT D'ÉMANCIPATION ET DE DÉVELOPPEMENT.

Le Parti socialiste, sachant qu'il ne dispose que de sa force de propagande contre toutes les forces de corruption et de mensonge, dès maintenant fait appel à vous.

Il organise dans plus de soixante villes de France, pour les derniers jours d'octobre et les premiers jours de novembre, des réunions qui vont inaugurer sa préparation active à la campagne.

En même temps que l'intégralité de sa doctrine, il y développera dans le détail ses critiques, ses protestations contre une politique extérieure qui nous éloigne de la paix en semant les catastrophes et la haine, en condamnant la France à un isolement où elle ne trouvera *ni un profit moral, ni les réparations auxquelles elle a droit*.

Il y dira, en même temps, les solutions qu'il a opposées sans relâche pour terminer la difficulté des réparations et dont la possibilité de réalisation s'éloigne à mesure que l'on continue d'accumuler les fautes.

Il y dénoncera notre politique intérieure et sa violence de réaction.

Il y dira, en même temps, par quelles mesures d'ensemble, si le pouvoir lui est confié par le pays, il procédera aux transitions nécessaires dans l'ordre social, aux réalisations immédiates destinées à fortifier l'action vivante des masses, et à assurer la sécurité intérieure de la nation avec sa sécurité extérieure.

Sans vaines fanfaronnades, sans phraséologie de violence et sans outrances de verbalisme stérile, le Parti socialiste vous appelle à cette lutte commençante.

Répondez-lui par votre présence. Rejoignez ses rangs. Faites ue son autorité soit la vôtre. Dites votre volonté d'être à ses *ôtés pour abattre le Bloc National et tout ce qu'il représente e réaction politique, de spoliation économique et de régres- on sociale.* Dites votre ferme résolution de construire, avec Parti socialiste, l'abri sûr dans lequel *notre démocratie, enfin bérée, pourra s'élargir* — suivant le mot de notre grand aurès — *en une vigoureuse démocratie sociale.*

Vive le Socialisme international !

Vive la France socialiste !

A Commission administrative permanente du Parti socia- liste S. F. I. O. :

luriol, Bracke, Caille, Compère-Morel, Paul Faure, Gaillard, Goude, Grandvallet, Grumbach, Hubert Rouger, Lebas, Le Troquer, Gaston Lévy, Jean Longuet, Mauranges, Maurin, Mayéras, Mistral, Osmin, Paul-Boncour, Poisson, Presse- mane, Renaudel, Séverac, titulaires ; *Zyromski, Binet, Sau- moneau, Dannely, Frot, Vendrin, Barrion, Ramadier, Evrard, Delépine, H. Prété, Roland, Uhry, Morin, Varenne,* sup- pléants.

E Groupe socialiste au Parlement :

lubry, député de l'Ille-et-Vilaine ; *Auriol,* député de la Haute- Garonne ; *Barthe,* député de l'Hérault ; *Basly,* député du Pas- de-Calais ; *Bernard,* député du Pas-de-Calais ; *Betoulle,* dé- puté de la Haute-Vienne ; *Léon Blum,* député de la Seine ; *Bouisson,* député des Bouches-du-Rhône ; *Bracke,* député de la Seine ; *Buisset,* député de l'Isère ; *Cadot,* député du Pas-de- Calais ; *Canavelli,* député des Bouches-du-Rhône ; *Chauly,* député de la Haute-Vienne ; *Chaussy,* député de Seine-et- Marne ; *Claussat,* député du Puy-de-Dôme ; *Compère-Morel,* député du Gard ; *Couteaux,* député du Nord ; *Delory,* député du Nord ; *Escoffier,* député du Nord ; *Evrard,* député du Pas- de-Calais ; *Jean Félix,* député de l'Hérault ; *Ferrand,* député du Pas-de-Calais ; *Georges Richard,* député du Pas-de- Calais ; *Goniaux,* député du Nord, *Goude,* député du Finistère ; *Groussier,* député de la Seine ; *Inghels,* député du Nord ; *Laudier,* député du Cher ; *Lebas,* député du Nord ; *François Lefebvre,* député du Nord ; *Lobet,* député de la Marne ; *Locquin,* député de la Nièvre ; *Maes,* député du Pas-de-Calais ; *Masson,* député du Finistère ; *Mistral,* député de l'Isère ; *Morin,* député de l'Indre-et-Loire ; *Mouret,* député de la Seine ; *Moutet,* député du Rhône ; *Parvy,* député de la Haute-Vienne ; *Paul-Boncour,* député de la Seine ;

Piton, député des Vosges ; *Plet*, député du Nord ; *Pressemane*, député de la Haute-Vienne ; *Ringuier*, député de l'Aisne ; *Rognon*, député du Rhône ; *Saint-Venant*, député du Nord ; *Uhry*, député de l'Oise ; *Valière*, député de la Haute-Vienne ; *Varenne*, député du Puy-de-Dôme.

Jean Bouveri, sénateur de Saône-et-Loire ; *Gustave Fourment*, sénateur du Var.

56 meetings furent tenus avec le concours de 98 orateurs dont 39 députés ou sénateurs, 9 membres de la C.A.P., 2 permanents, 17 secrétaires fédéraux et 31 militants des Fédérations

Une dizaine de résumés schématiques des sujets à traiter : Exposé doctrinal, questions de l'Enseignement, problème financier, question des réparations, problème militaire, assurances sociales, scandales des régions libérées, etc., etc., furent mis à la disposition des orateurs et permirent une propagande d'ensemble dans tout le pays.

Le succès fut très grand, sauf pour deux ou trois de ces meetings. Des comptes rendus reçus des sections organisatrices, on peut évaluer à 45.000 le nombre d'auditeurs qui furent touchés par la parole socialiste au cours de ces quatre journées.

***

Le tableau de la propagande du Congrès de la date du rapport au Congrès de Lille au 15 décembre 1923, est toujours incomplet, n'ayant pas régulièrement les comptes rendus de toutes les réunions et quelques erreurs ou omissions peuvent s'y être glissées.

La propagande a porté au cours de cette période dans 72 départements. Depuis Tours, seuls 5 départements n'ont pu être visités par les orateurs socialistes : *Landes, Haute-Marne, Basses-Pyrénées, Hautes-Pyrénées, Savoie.*

TABLEAU DE LA PROPAGANDE
du 1ᵉʳ Décembre 1922 au 3 Décembre 1923

DÉPARTEMENTS	Nombre d'orateurs ayant pris part à la propagande			Nombre des réunions auxquelles ont pris part les orateurs de			TOTAL des réunions par département
	de la C.A.P.	Délégués permanents	Députés	la C.A.P.	Délégués permanents	Députés	
Ain	»	1	1	»	12	1	13
Aisne	1	1	6	3	7	8	17
Allier	2	2	3	3	15	3	20
Alpes (Htes-)	»	1	3	»	12	2	14
Ardèche	»	»	1	»	»	1	1
Ardennes	2	»	1	3	»	1	4
Ariège	»	»	3	»	»	3	3
Aube	3	2	2	4	18	2	24
Aude	2	»	6	2	»	7	9
Aveyron	1	1	»	3	8	»	11
B.-du-Rhône	1	1	2	5	8	5	18
Calvados	»	1	1	»	11	1	12
Cantal	»	»	»	»	»	»	»
Charente	1	1	3	1	6	3	9
Charente-Inférʳᵉ	1	1	1	2	9	2	11
Cher	1	»	1	2	»	1	2
Corrèze	»	1	»	»	9	»	9
Côte-d'Or	2	1	2	3	8	2	12
Côtes-du-Nord	1	»	3	1	»	24	24
Creuse	1	1	3	1	26	3	28
Dordogne	2	1	1	2	7	1	9
Doubs	1	»	1	1	»	3	4
Drôme	»	1	2	»	26	1	27
Eure	»	1	1	»	7	1	8
Eure-et-Loir	2	»	2	2	»	2	3
Finistère	1	»	1	1	»	1	2
Gard	2	2	3	12	28	5	44
Garonne (Hte-)	»	»	5	»	»	4	4
Gers	»	1	2	»	6	1	7
Gironde	1	1	2	1	15	3	18
Hérault	»	1	4	»	15	6	21
Ille-et-Vilaine	1	1	1	1	8	1	9
Indre	»	»	3	»	»	2	2
Indre-et-Loire	»	1	2	»	8	3	11
Isère	1	2	2	2	21	5	28
Loir-et-Cher	»	»	3	»	»	4	4

DÉPARTEMENTS	Nombre d'orateurs ayant pris part à la propagande			Nombre des réunions auxquelles ont pris part les orateurs de			TOTAL des réunions par départements
	de la C.A.P.	Délégué permanents	Députés	la C.A.P.	Délégué permanents	Députés	
Loire	»	1	3	»	26	6	32
Loire-Inférieure	2	»	1	4	»	1	4
Loiret	2	»	1	1	»	1	1
Lot	»	1	»	»	6	»	6
Lot-et-Garonne	»	1	3	»	»	3	»
Lozère	»	»	1	»	»	1	1
Maine-et-Loire	1	»	1	1	»	1	1
Marne	4	1	5	4	7	5	16
Meurthe-et-Mos.	»	»	»	»	»	»	»
Meuse	»	»	1	»	»	1	1
Morbihan	»	»	3	»	»	8	8
Nièvre	2	»	1	5	»	1	5
Nord	4	1	9	6	14	24	40
Oise	1	1	1	1	30	1	31
Orne	1	1	1	1	5	1	6
Pas-de-Calais	2	2	1	2	12	1	15
Puy-de-Dôme	»	»	3	»	»	4	4
Pyrénées-Orient.	»	»	»	»	»	»	»
Bas-Rhin	2	»	»	2	»	»	2
Haut-Rhin	3	»	1	6	»	1	6
Rhône	1	2	3	1	26	5	32
Haute-Saône	»	1	2	»	16	2	18
Saône-et-Loire	1	1	3	1	2	5	6
Sarthe	»	1	2	»	16	2	18
Haute-Savoie	1	»	1	1	»	1	1
Seine	8	»	9	46	»	13	55
Seine-et-Marne	2	»	4	2	»	4	5
Seine-et-Oise	14	4	26	56	58	57	158
Seine-Inférieure	1	1	2	1	9	4	13
Deux-Sèvres	»	2	3	»	25	4	28
Somme	1	2	4	1	15	5	21
Tarn	2	»	16	1	»	7	7
Tarn-et-Garonne	1	1	2	1	4	1	5
Var	2	»	2	2	»	1	2
Vaucluse	1	1	2	1	8	1	10
Vendée	1	1	»	1	9	»	10
Vienne	1	1	»	1	10	3	13
Haute-Vienne	»	»	1	»	»	1	1
Vosges	»	1	»	»	7	»	7

C'est donc un total de 968 réunions.

Depuis Tours, c'est 2.800 réunions données par le parti à travers le pays.

Les camarades de la C. A. P. qui remplirent des délégations à la propagande furent : Paul Faure, 76 ; Hubert Rouger, 38 ; Jean Longuet, 25 ; Grumbach, 18 ; J. Zyromski, 16 ; Maurice Maurin, 10 ; P. Renaudel, 6 ; Delepine, 6 ; Mauranges, 2 ; Le Troquer, 3 ; Severac, 3 ; Osmin, 2 ; Granvallet, 2.

La Délégation permanente

Notre délégation permanente à la fin de l'an dernier et dans les premiers mois de 1923 se consacra à la campagne en faveur des abonnements au *Populaire,* puis ensuite au recrutement.

Les délégués permanents furent mis à la disposition des Fédérations les plus atteintes par la division socialiste ; leur besogne fut efficace en maints endroits pour ramener des éléments qui s'étaient séparés de nous. Ils firent entendre le langage socialiste en opposition à la vaine démagogie bolcheviste et aux insuffisances doctrinales des partis bourgeois.

Ils apportèrent aux militants isolés le réconfort et les encouragements du parti, ils furent utiles partout et pas une tournée ne s'acheva sans que la trésorerie reçut une demande de cartes ou de timbres du Parti.

Des Fédérations disloquées comme celles du Lot-et-Garonne, du Tarn-et-Garonne, furent reconstituées par René Cabannes qui mit également sur pied celles du Lot et de la Drôme. Voici le tableau des réunions :

	Nombre de délégations	Nombre de départements visités	Nombre de jours	Nombre de réunions données
Lucien Roland	12	10	132	127
René Cabannes	21	18	194	188
Théo Bretin	21	18	186	185
Louise Saumoneau..	15	15	132	127

Comme l'an dernier, il nous est agréable de signaler que les membres de la Délégation permanente se sont acquittés avec le plus grand dévouement de leur mission. Les lettres des secrétaires fédéraux furent unanimes pour les féliciter. A ces félicitations, la C. A. P. est heureuse de joindre les siennes.

IV. — Les Consultations électorales

Le succès socialiste aux élections générales cantonales de 1922 fut pleinement confirmé par l'ensemble des résultats des élections partielles au cours de 1923.

C'est ainsi que de janvier à décembre le S. F. I. O. a fait élire :

A. Élections Cantonales

CONSEILLERS D'ARRONDISSEMENT

Villeron, à Brie-Comté-Robert (Seine-et-Marne) ;
A. Marty, à Bordeaux ;
A. Marty, à Hérisson (Allier) ;
Marienne, à Decize (Nièvre) ;
E. Berland, à Limoges (Haute-Vienne) ;
Dardié, à Valence-d'Albigeois (Tarn) ;
Perrier, à Saint-Chaptes (Gard) ;
Arthur Chaussy, à Château-Landon (Seine-et-Marne) ;
Gérard, à Bordeaux ;
Genest, à Montluçon ;
Flouzat, à Hérisson (Allier).

CONSEILLERS GÉNÉRAUX

E. Mouton, à La Ciotat (Bouches-du-Rhône) ;
A. Marty, à Solesmes (Nord) ;
Ch. Canac, à Villefranche d'Albigeois (Tarn) ;
Pasquè, à Millas (Pyrénées-Orientales) ;
D' Nicollet, à Ambérieu (Ain) ;
Nénol, dans le Puy-de-Dôme ;
Bramard, à Luzy (Nièvre) ;
Henri Levrai, à Calais (Pas-de-Calais).
Lorthiois, à Lannoy (Nord).

Il convient de souligner qu'une fois que les Communistes n'ont plus présenté le libéré de Clairvaux, le candidat communiste fut toujours battu. Au Havre, à Hyères, dans le Nord, dans les Pyrénées-Orientales, dans l'Allier, dans la Gironde. Dans ces trois derniers départements, ce furent des socialistes qui remplacèrent André Marty.

Ajoutons qu'en avril Cailleaux groupa en Seine-et-Oise 153 voix dans un canton où jusque-là la propagande socialiste n'avait pas pénétré; en juin, dans le canton de Signy-le-Petit, les socialistes des Ardennes rassemblaient 536 voix contre 714 au Bloc National; dans les Vosges, à une élection cantonale, en juillet, le candidat socialiste obtint 978 voix; dans la Loire-Inférieure, 425 voix socialistes à Pontchâteau; dans l'Isère, *Ravanat*, socialiste, obtient 642 voix contre 626 au radical et 905 au Bloc National, et n'est battu par ce dernier qu'à 50 voix au deuxième tour.

A Lyon, le socialiste Février est battu avec 1.363 voix par le communiste, 2.041 voix.

En septembre, *Pageot*, dans la Loire-Inférieure, recueille 806 voix socialistes contre 114 communistes; et en octobre au Havre, le candidat socialiste Deschearder obtient 391 voix contre 307 à Midol, communiste.

En novembre, Jean Payra, à Perpignan, obtient 1.318 voix contre 298 au communiste.

B. Élections Municipales

En janvier, à *Villeneuve-Saint-Georges*, la liste socialiste aux élections complémentaires est élue par 1.220 voix contre 710 à la liste communiste.

En février, dans le quartier des Enfants-Rouges, le candidat socialiste Corgeron est battu et la division socialiste aboutit à faire perdre 50 % des voix ouvrières réunies en 1922 dans le même quartier sur le nom des trois candidats se réclamant du socialisme, 717 en 1922 et seulement 346 en 1923.

A Charonne et à la Santé, A. Marty est réélu triomphalement.

A Arcueil, les socialistes battent les communistes au premier tour et ont 4 élus au deuxième.

C'est une série noire pour les communistes qui sont battus à Aubervilliers, à Issy-les Moulineaux et au Kremlin-Bicêtre, par les listes de l'union socialiste-communiste. La campagne électorale dans cette dernière commune permit à la petite section socialiste de faire une excellente propagande à cette occasion.

En juillet, à Mulhouse, 4.927 socialistes contre 957 communistes, à Blendecques (Pas-de-Calais), la liste socialiste est élue; à Lyons-la-Forêt (Eure), un élu socialiste; à Calais, 958 voix à la liste socialiste, 158 à la liste communiste.

En octobre, la liste socialiste est élue à Calonne-Ricouart avec 530 voix contre 221 aux communistes; à Calais, 938 voix socialistes, 158 communistes; à Beaumont, où Paquereau-Marty avaient obtenus 280 voix contre 170 à Dret-Barrion, placés dans l'obligation d'affronter la lutte, les communistes ne retrouvent que 175 voix, tandis que la liste socialiste en recueille 278; à Guérigny (Nièvre), le Conseil municipal communiste démissionne, la liste socialiste toute entière est élue; à Rambert-l'Ile-Barbe (Rhône), la liste socialiste arrive en tête pour être élue au 2° tour.

Enfin à Paris, la libération de Marty laisse le champ libre aux compétitions, le parti communiste présente Midol à la Santé et à Charonne.

A la Santé, Graziani obtient 180 voix, Godsky 269, soit 449 voix anti-bolchevistes contre 482 au communiste Midol.

A Charonne, Maurice Levillain 2.655 voix, bat Midol avec 2.497; au 2° tour Midol est élu à la Santé avec l'appoint socialiste et Levillain est élu à Charonne par 3.500 voix.

C. Elections Législatives

Deux élections législatives ont eu lieu au cours de 1923 : une dans la Seine-Inférieure, une dans le Seine-et-Oise.

Dans le premier département la Fédération informa la C. A. P. de sa décision de ne pas prendre part à la bataille. En Seine-et-Oise, en accord avec la C. A. P., Dret et Barrion, candidats de la Fédération menèrent dans la limite de moyens restreints, la campagne au nom du Parti.

Cent cinquante communes sur 800 furent visitées. Une huitaine de mille francs à peine pour toutes munitions, ne permit pas même l'envoi des bulletins à tous les électeurs.

Barrion et Dret rassemblèrent 9.000 voix en moyenne contre 41.000 aux communistes qui sabotèrent systématiquement les réunions socialistes.

Cependant, la propagande faite à cette occasion par les candidats, les orateurs de la C. A. P., de la Fédération de la Seine et les élus parlementaires, permit la création de plusieurs nouvelles sections, et deux cents nouvelles adhésions au Parti, préparant ainsi le terrain pour les Elections générales de 1924.

V. — L'application des décisions de Lille

A. La Résolution sur l'action nationale

Le principe essentiel qui dirige la vie et l'action du Parti, après lui avoir dicté sa conduite dans la crise la plus redoutable de son existence, qui constitue non seulement sa règle de conduite, mais sa raison d'être, est son attachement inébranlable à la doctrine traditionnelle du socialisme, telle que l'avait définie dès avant la guerre une longue suite de Congrès internationaux et nationaux.

C'est en ce sens qu'il est demeuré vraiment le Parti socialiste *unifié*, unifié non seulement en raison de son unité intérieure, mais parce que, seul, il assure l'unité avec ce passé glorieux qu'il continue et parce que l'unité réelle des forces prolétariennes ne pourra se compléter et se parfaire que sur la doctrine qu'il incarne et qu'il défend.

Des événements extraordinaires, comme ceux qui ont accompagné et suivi la guerre, ont pu montrer l'insuffisance de l'organisation socialiste, mais l'épreuve périlleuse à laquelle ils ont soumis les idées maîtresses du socialisme n'a fait qu'en vérifier, à nouveau, avec une évidence éclatante, l'exactitude et l'efficacité.

Le Parti socialiste proclame donc aussi résolument que jamais, que son but est l'émancipation intégrale du travail par la

Les circonstances ont fait du Parti socialiste l'unique parti d'opposition constante et déclarée au Bloc National.

En toute matière, elles ont justifié ses campagnes critiques et vérifié l'exactitude des propositions positives que lui inspirait la théorie ou la pensée socialiste. Ayant seul lutté, ayant seul prévu, ayant seul offert des solutions conformes au bien général, possédant seul, dans sa doctrine, une règle de vérité qui l'arme et le guide, se sentant seul cohérent et fort au milieu de groupements divisés et désorientés, le Parti socialiste se déclare prêt à assumer et à animer la bataille contre la réaction.

Il mènera cette bataille avec le plein de ses forces et en prenant toutes les mesures commandées par les circonstances pour porter à l'ennemi les coups les plus meurtriers. Mais il entend l'amener, sous le couvert de la R. P. « *juste et loyale* » et sans que le souci de la victoire immédiate lui laisse porter la moindre atteinte à l'autonomie de son organisation et à l'intégrité de sa doctrine, garanties des victoires futures et définitives du prolétariat.

Dès que le Parti sera fixé sur le régime des prochaines élections, ou au plus tard avant la fin de l'année 1923, un Congrès ou un Conseil national sera spécialement consacré à l'examen de la tactique électorale. D'ici là, le Parti reste régi par les décisions des Congrès antérieurs et notamment par la décision formelle du Congrès national de novembre 1921, reprenant dans tous ses termes la résolution de Toulouse.

Ces décisions, dont la C. A. P. est chargée, conformément aux statuts, d'assurer l'exécution dans l'intervalle des réunions du Conseil National, gardent, pour tous les membres du Parti, leur valeur et leur force entières. Le Congrès invite tous les militants, dans la cordialité persistante de la vie du Parti, à conserver le plein souci des décisions des Congrès ainsi rappelées qui restent la règle de leur activité. Ainsi se trouveront fortifiés et l'unité du Parti et l'efficacité de son action à la fois révolutionnaire et positive.

En conformité avec le dernier paragraphe de cette résolution, et à la suite de divers incidents locaux, réunions communes de socialistes avec les représentants d'autres partis politiques, articles de journaux, etc., paraissant en contradiction formelle avec les décisions de nos congrès, la C. A. P., dans sa séance du 25 avril, décida de rappeler aux Fédérations le texte de la résolution de Lille, en les priant de demander à leurs groupes et militants de conti-

Les circonstances ont fait du Parti socialiste l'unique parti d'opposition constante et déclarée au Bloc National.

En toute matière, elles ont justifié ses campagnes critiques et vérifié l'exactitude des propositions positives que lui inspirait la théorie ou la pensée socialiste. Ayant seul lutté, ayant seul prévu, ayant seul offert des solutions conformes au bien général, possédant seul, dans sa doctrine, une règle de vérité qui l'arme et le guide, se sentant seul cohérent et fort au milieu de groupements divisés et désorientés, le Parti socialiste se déclare prêt à assumer et à animer la bataille contre la réaction.

Il mènera cette bataille avec le plein de ses forces et en prenant toutes les mesures commandées par les circonstances pour porter à l'ennemi les coups les plus meurtriers. Mais il entend l'amener, sous le couvert de la R. P. *« juste et loyale »* et sans que le souci de la victoire immédiate lui laisse porter la moindre atteinte à l'autonomie de son organisation et à l'intégrité de sa doctrine, garanties des victoires futures et définitives du prolétariat.

Dès que le Parti sera fixé sur le régime des prochaines élections, ou au plus tard avant la fin de l'année 1923, un Congrès ou un Conseil national sera spécialement consacré à l'examen de la tactique électorale. D'ici là, le Parti reste régi par les décisions des Congrès antérieurs et notamment par la décision formelle du Congrès national de novembre 1921, reprenant dans tous ses termes la résolution de Toulouse.

Ces décisions, dont la C. A. P. est chargée, conformément aux statuts, d'assurer l'exécution dans l'intervalle des réunions du Conseil National, gardent, pour tous les membres du Parti, leur valeur et leur force entières. Le Congrès invite tous les militants, dans la cordialité persistante de la vie du Parti, à conserver le plein souci des décisions des Congrès ainsi rappelées qui restent la règle de leur activité. Ainsi se trouveront fortifiés et l'unité du Parti et l'efficacité de son action à la fois révolutionnaire et positive.

En conformité avec le dernier paragraphe de cette résolution, et à la suite de divers incidents locaux, réunions communes de socialistes avec les représentants d'autres partis politiques, articles de journaux, etc., paraissant en contradiction formelle avec les décisions de nos congrès, la C. A. P., dans sa séance du 25 avril, décida de rappeler aux Fédérations le texte de la résolution de Lille, en les priant de demander à leurs groupes et militants de continuer à faire « la règle de leur activité » des décisions des Congrès du Parti.

Elle intervint également dans le même sens auprès de plusieurs journaux des Fédérations les 21 mars et 11 juillet.

De même qu'elle pria divers militants qui s'inclinèrent, de ne pas participer à des réunions organisées par la Ligue de la République.

Le 7 juin, des explications furent spontanément fournies par nos camarades de la Haute-Garonne au sujet de la manifestation de Toulouse au lendemain de la manifestation de Carmaux.

Dans la même séance, saisie de la constitution d'une Ligue pour la défense des Libertés publiques, elle vota la résolution suivante par 18 voix contre 3 :

La C. A. P., en présence des tentatives de généralisation des violences royalistes, confirme sa décision du 5 juin de demander au Parti de participer résolument à toutes les actions et manifestations ayant pour objet de combattre et de réprimer les criminelles ou odieuses pratiques du fascisme et à en prendre autant que possible l'initiative.

Elle déclare très fermement que le Parti ne saurait être représenté ou engagé dans aucune de ces actions et manifestations par des individualités mais seulement par les organismes réguliers du Parti.

Informée de la constitution d'une « Ligue pour la défense des Libertés publiques », elle rappelle aux membres du Parti, conformément à la décision du Congrès national de Lille, « qu'en donnant une part quelconque de leur activité, ou même en adhérant à d'autres organisations politiques — fût-ce à celles qui, comme la Ligue de la République, celle de la défense des Libertés publiques ou toute autre de même genre, se défendent d'être un parti — ils se placeraient en contradiction directe avec la pratique traditionnelle du Parti socialiste, nécessairement distinct de toute autre organisation politique, comme la classe ouvrière qu'il représente est distincte de la classe bourgeoise. »

La C. A. P. invite les membres du Parti à ne pas participer à la constitution de sections de ligues de cet ordre, dont l'organisation, en dispersant l'effort des militants, ajouterait aux difficultés du recrutement socialiste et ferait naître une confusion de plus dans l'esprit des travailleurs.

Saisie par les Fédérations de Seine-et-Oise et de Saône-et-Loire au sujet de décisions prises par plusieurs Fédérations, relative à la tactique électorale non encore définie par le Parti, la C. A. P. décida à l'unanimité :

1° De rappeler, d'une façon générale, la décision du Conseil national à toutes les Fédérations ;

2° D'adresser un rappel à l'ordre aux Fédérations qui auraient méconnu ou méconnaîtraient cette décision.

Enfin, le 13 décembre, la C. A. P. mandatait son secrétaire général pour rappeler à divers militants qu'ils devaient consacrer leur activité au recrutement et à la propagande socialiste et non à la création de groupements étrangers au Parti.

Ajoutons que tous ces rappels amicaux et fraternels ne visaient que des cas isolés et qu'en règle générale l'ensemble des Fédérations, groupes et militants se conformèrent aux règles et décisions du Parti.

B. La Résolution sur la politique internationale

La position du Parti, en matière internationale, est tout aussi clairement dictée par sa doctrine et par l'intérêt immédiat des travailleurs.

La révolution sociale est nécessairement un fait international. La théorie montre, et l'expérience a confirmé que la transformation du régime de la propriété ne pouvait être opérée, d'une façon complète et durable, à l'intérieur d'une nation isolée et par l'effort d'un seul prolétariat.

Le socialisme tend donc à organiser l'ensemble du prolétariat international en un Parti de classe unique et le devoir de tout Parti national est de travailler pour son compte et dans la mesure de ses forces à cette organisation.

En accord avec tous les partis de l'Union socialiste de Vienne, le Parti socialiste de France a pris à cet égard, depuis deux ans, des initiatives réitérées. Il est même parvenu à réunir, pour l'étude et la solution communes de problèmes capitaux comme ceux du désarmement et des réparations, les principaux partis socialistes de l'Europe. Il donnera donc son plein concours à l'entreprise nécessaire de la reconstruction internationale.

Il n'ignore pas que cette entreprise demeurera forcément inachevée, non seulement tant que des millions de prolétaires n'auront pas pris conscience de leur devoir et de leur intérêt de classe, mais tant que des organisations prolétariennes de classe demeureront constituées sur un terrain théorique et tactique qui n'est pas celui du socialisme. Mais il accueille et salue avec joie toute tentative qui soit de nature à préparer et à hâter la reconstruction intégrale du socialisme international.

Et il prendra place sans hésitation dans une organisation fondée sur les principes traditionnels, groupant sans nulle distinction de personnes, sans nulle pensée de polémique ou de représailles, tous les partis qui les proclament et les appliquent dès aujourd'hui, et demeurant largement ouverts à ceux qui voudraient, dans l'avenir, y chercher ou y retrouver leur règle d'action.

Il décide en conséquence de se faire représenter au Congrès ouvrier et socialiste de Hambourg, le 21 mai 1923, ainsi qu'à la Conférence des Partis adhérents à l'Union de Vienne qui le précédera. Il renvoie à un Conseil National convoqué l'étude des propositions qui seront mises à l'ordre du jour et la désignation de ses délégués.

La C. A. P. a mandat, jusqu'à cette époque, de prendre les mesures nécessaires pour participer à la préparation du Congrès international.

Le Parti socialiste reste pénétré de la conviction que cette réorganisation internationale, poursuivie dans toute la mesure où elle est compatible avec la distribution actuelle des forces prolétariennes, reste le plus sûr moyen de prévenir ou de maîtriser les menaces de guerre qui pèsent de plus en plus gravement sur le monde.

Le Parti sent assurément l'urgente nécessité de barrer le cours d'événements redoutables dont nul ne pourrait prévoir et mesurer les conséquences. Il ne veut négliger aucun moyen efficace pour cette œuvre de salut. Il adhérera notamment à tous les efforts tentés pour utiliser à cette fin celle des institutions politiques existantes qui incarne de la façon la moins imparfaite la conscience universelle, c'est-à-dire la Société des Nations. Il pense, d'ailleurs, qu'il dépend dans une large mesure des Partis socialistes eux-mêmes d'inspirer cette institution gouvernementale de leur esprit et de l'attirer de plus en plus vers leur conception propre de l'organisation internationale. Mais, de même que, sans la paix, l'Internationale ne peut acquérir la garantie d'une existence stable et sûre, de même, sans l'Internationale, sans le rapprochement et le groupement des travailleurs représentés par les différents partis socialistes, il ne peut exister de paix véritable. Les risques de guerre diminueront dans le monde à mesure que le contact des prolétariats sera devenu plus actif et plus intime, pour disparaître et s'anéantir à jamais au sein du socialisme triomphant.

CONCLUSIONS

Telles sont les directions principales que les conditions actuelles de la vie et de la lutte prolétariennes doivent imprimer à l'activité du Parti. Deux ans d'efforts ininterrompus lui ont permis de réparer les pertes causées par une division sacrilège; de ranimer, en France et dans l'Europe entière, l'esprit d'unité socialiste. Il peut aujourd'hui envisager l'ensemble de la situation politique avec la sérénité de sa force pleinement recouvrée, avec une tranquille assurance dans sa victoire prochaine.

En France, comme dans le reste de l'Europe, l'heure du socialisme approche, et les convulsions qui secouent aujourd'hui le monde ne feront que hâter l'enfantement de l'ordre nouveau. Le Parti doit se tenir prêt pour sa tâche. Il doit se tenir prêt pour préparer et accélérer l'œuvre de transition nécessaire entre le capitalisme défaillant et les premières réalisations du socialisme. Il se rendra digne de sa mission historique en étendant chaque jour son effort de recrutement, d'éducation, d'organisation, en entretenant chez tous ses militants l'ardeur, la foi et l'esprit de sacrifice qui les animent.

Conformément à cette résolution, la C. A. P. collabora à l'organisation du Congrès de Hambourg en participant aux réunions préparatoires de l'Union de Vienne et aux commissions des deux Internationales où elle fut représentée par Bracke et Jean Longuet.

En exécution du mandat reçu elle convoqua le Conseil national de Puteaux qui délibéra sur l'ordre du jour du Congrès international.

C. La question des réparations et l'occupation de la Ruhr

Le Congrès de Lille avait adopté la motion suivante :

« Le Congrès du Parti socialiste, faisant sienne la lettre envoyée par la Conférence internationale de Lille à la Société des Nations, renouvelle sa protestation contre la politique d'aveuglement et de brutalité du Bloc National. Cette politique a facilité à la grande industrie allemande le sabotage de toutes les résolutions pratiques sur le terrain des réparations. Elle a abouti à l'occupation de la Ruhr, créant ainsi une nouvelle source de désordres économiques et politiques en Europe, retardant de ce fait les solutions internationales qui s'imposent.

« Le Congrès s'associe pleinement aux déclarations faites à ce sujet à la Chambre des députés par le citoyen Léon Blum, au nom du groupe socialiste. »

La lettre adressée à la Société des Nations le 15 février était ainsi conçue :

Messieurs,

Le Congrès du Parti socialiste (S. F. I. O.) siège actuellement à Lille, au centre même des régions dévastées par la guerre. Nous y représentons les partis socialistes des pays intéressés aux réparations : Allemagne, Angleterre, France, Italie, Belgique. C'est à ce titre que nous avons l'honneur de vous adresser cet appel.

La crise qui secoue l'Europe est indiciblement grave. La guerre a détruit l'équilibre économique du monde. Toutes les nations, hier belligérantes et neutres, sont profondément atteintes dans leurs moyens d'échange, dans leur production et dans leur vie. Seuls le désarmement des haines, la solidarité des peuples, la liquidation des conflits par des accords de justice, peuvent effacer les ruines, dégager les nations du lourd fardeau d'une dette effroyable, les ramener à la prospérité, fonder la paix.

Mais la solution du problème des réparations est l'élément essentiel de cette renaissance, la condition essentielle d'une paix certaine. Et cette solution n'est possible que par des mesures d'ordre international. C'est dans ce sens que le prolétariat d'Europe, dès le mois de mars 1921, à Amsterdam; en février et mars 1922, dans les conférences de Paris et de Francfort, tout récemment au Congrès mondial de La Haye, a formulé jusque dans ses détails un programme de reconstruction que nous croyons devoir vous communiquer en annexe à la présente lettre.

Ce programme comporte en substance :

1° La fixation définitive, dans la limite des capacités de l'Allemagne, de la dette allemande en la ramenant à ce qui est nécessaire pour la réparation des dommages causés aux populations civiles et pour la restauration des régions dévastées;

2° L'annulation des dettes interalliées qui, causées par la

guerre, doivent être compensées entre les nations qui ont combattu pour des fins communes;

3° La réalisation par la Société des Nations et au compte de l'Allemagne des opérations de crédit international qui permettraient de faire immédiatement aux pays dévastés les paiements qui leur sont indispensables, d'assainir les finances de l'Allemagne, de stabiliser les monnaies, de rétablir les relations économiques normales entre les nations, c'est-à-dire de résoudre en même temps les deux problèmes indissolubles de la réparation des régions dévastées et de la reconstruction économique de l'Europe;

4° Dès la conclusion des accords ci-dessus visés, évacuation de tous les territoires qui furent occupés en vertu du traité de Versailles dans le but d'imposer à l'Allemagne l'exécution de ses engagements.

Sur les divers points de ce programme, dont toutes les parties se tiennent, l'accord existe unanime entre les travailleurs de tous les pays. Déjà ce programme pénètre l'opinion publique. Des hommes appartenant à des partis politiques opposés s'y rallient et toutes les fois que les gouvernements, les banquiers et les experts économiques ont voulu vraiment chercher une solution pratique à ces problèmes, c'est dans l'orientation de ces pensées qu'ils ont commencé à dessiner leurs projets.

Votre Société, enfin, qui avait organisé à Bruxelles une conférence financière internationale, n'a point oublié les recommandations des délégués unanimes, représentant 39 nations et proclamant que pour réaliser l'œuvre de reconstruction de l'Europe, à laquelle se lient indissolublement les réparations des pays dévastés « le monde doit mettre fin aux rivalités et aux sentiments d'animosité qui sont la suite inévitable de la guerre mondiale ».

Aussi, Messieurs, profonde est la désillusion des peuples de voir que les résistances de l'égoïsme capitaliste et les solutions de violence l'emportent à nouveau sur les conseils de la raison et de l'équité! En présence de l'occupation de la Ruhr, qui aggrave le trouble économique, compromet le développement de la démocratie, viole le droit des peuples, sème des germes de guerre future, leur angoisse est cruelle et leur protestation indignée.

Mais, vous pouvez mettre fin à leur anxiété. Déjà la Conférence mondiale de La Haye, où étaient représentées toutes les forces ouvrières démocratiques et pacifiques du monde, invita les gouvernements intéressés à vous soumettre leur différend et à solliciter votre intervention. Dans les divers Parlements cet appel fut répété avec force : il est resté sans écho.

Tout récemment, les comités exécutifs des trois Internationales syndicale et socialistes de l'Europe, représentant une dizaine de millions de travailleurs organisés, demandèrent aux gouvernements de s'adresser à vous.

Ils n'ont eu d'autre réponse qu'une nouvelle aggravation de la crise.

Et les hommes meurtris qui placèrent en votre Société l'espérance d'un monde pacifié et qui voudraient vous voir résoudre en ces temps tragiques d'autres questions que des questions d'importance secondaire, ne peuvent s'expliquer votre abstention et votre silence.

Les gouvernements ne vous ont pas saisi du conflit dont dépend la paix du monde. Vous ne vous en êtes pas encore saisis vous-mêmes ; au nom des travailleurs de nos pays, nous vous en saisissons publiquement.

Nous faisons également appel au gouvernement et au peuple des États-Unis pour qu'ils joignent leurs efforts aux nôtres dans ce débat essentiel. Votre Société, vis-à-vis d'elle-même, vis-à-vis de l'humanité, a le devoir d'intervenir en donnant à l'Allemagne des droits de délibération égaux à ceux des nations associées.

Nous ne voulons pas renoncer à l'espoir qu'elle l'accomplisse. Si, aux souffrances indicibles que les peuples ont subies pendant la guerre, vous ajoutiez maintenant, par un silence prolongé, la cruauté d'une désillusion, si votre abstention laissait se produire de nouveaux conflits sanglants, quelle faute contre l'humanité !

Quel affaiblissement de l'idée de la Société des Nations dans le monde ! La Société des Nations se trouve en présence d'une occasion unique de s'affirmer elle-même comme une force positive.

Nous attachant à l'idée que vous répondrez à notre appel et aux espoirs du monde, nous vous prions d'agréer, Messieurs, l'assurance de notre haute considération.

Ont signé : Paul Faure, secrétaire général du Parti socialiste S. F. I. O. ; Léon Blum, député, secrétaire du groupe parlementaire du Parti socialiste S. F. I. O. ; Émile Vandervelde, député, délégué du Parti ouvrier belge ; Joseph Van Roosbroeck, secrétaire du Parti ouvrier belge ; docteur Rudolph Hilferding, délégué du Parti social-démocrate unifié d'Allemagne ; Giacolo Mateoti, député, secrétaire du Parti socialiste unitaire d'Italie ; Walhead, membre de la Chambre des Communes, président de l'Independent Labour Party ; Robert, membre de la Chambre des Communes, délégué du Labour Party.

Voici la réponse qui lui fut faite :

Genève, le 25 février 1923.

Monsieur le Secrétaire général,

J'ai l'honneur de vous accuser réception de votre lettre du 15 février par laquelle vous nous communiquez le texte d'une résolution votée lors du Congrès du Parti socialiste de France, par une délégation des partis ouvriers socialistes de France, d'Angleterre, d'Allemagne, d'Italie et de Belgique. En vous remerciant de cette communication, je vous prie d'agréer, Monsieur le Secrétaire général, l'assurance de ma considération distinguée.

Signé : J. AVENOL,
Secrétaire général adjoint.

****

Le 13 février, le secrétaire général du Parti adressait à l'ambassadeur des Etats-Unis d'Amérique à Paris une demande d'audience. En l'absence de ce dernier, le secrétaire d'ambassade, M. H. Norton, répondait par lettre du 24 qu'il était à la disposition de la délégation.

Le 12 mars, l'ambassade faisait connaître que M. l'ambassadeur rentré à Paris recevrait volontiers la délégation du Parti socialiste le jeudi matin 15 mars à midi.

Ce jour-là, les camarades Léon Blum, Bracke, César Bernard et Pierre Renaudel remirent à l'ambassadeur le texte de la Déclaration de Lille. Ce dernier promit qu'elle serait transmise au gouvernement de Washington et au Président de la République américaine.

En avril, sur l'initiative du Labour Party, se tint à Paris une conférence interparlementaire où furent représentés les groupes socialistes de la Chambre des Communes, des Chambres de députés française, belge et italienne.

Une Commission de quatre membres : Vincent Auriol, Matteoti, Tom Shaw et Huysmans, se rendit à Berlin quelques jours après pour converser avec le Comité directeur de la Social-Démocratie qui n'avait pu se faire représenter à Paris. A la suite de ces réunions, la Conférence de Bruxelles et le mois suivant le Congrès de Hambourg enregistrèrent l'accord entre les représentants des prolétariats des cinq pays intéressés.

***

Au cours des vacances parlementaires en septembre, Bracke et Blum intervinrent auprès du gouvernement pour le mettre en présence de ses responsabilités devant la situation créée par sa politique vis-à-vis de l'Allemagne et pouvant aboutir, pour l'Europe, à une véritable catastrophe.

D. Les Rapports sur le programme d'action positive

Le Congrès de Lille, après avoir entendu les rapports de J.-B. Séverac sur la propagande, Gaston Lévy sur les socialisations, Zyromski sur le problème de la nation armée, Lebas sur les assurances sociales et sur les huit heures, Renaudel sur la Constitution démocratique, avait décidé que chacun de ces rapports, avec en plus les rapports de Bracke et Blum sur l'enseignement, de Auriol et Blum sur la situation financière, serait imprimé dans un numéro spécial du *Socialiste*.

Le bureau du Parti lança dès le 25 février une circulaire aux sections locales et aux Fédérations annonçant la publication des huit numéros du *Socialiste* qui devaient paraître en mars, avril, mai, juin, à raison de deux numéros par mois.

Les sommaires de ces éditions étaient les suivants :

Premier numéro (mars) : *Les Huit heures et le Parti socialiste* (rapport J. Lebas, maire de Roubaix, député du Nord). — *Des Pages* de Jaurès, de Jules Guesde, de Vaillant. — *Le Texte du projet de loi* déposé par Compère-Morel, député du Gard, au nom du Groupe socialiste, *concernant les huit heures dans l'agriculture.*

Deuxième numéro (mars) : *Les Assurances sociales* (rapport J. Lebas). — *Etude sur l'application du système dans d'autres pays* (René Cabannes, délégué permanent du Parti socialiste).

Troisième numéro (avril) : *L'Enseignement public et le socialisme* (rapports Bracke et Léon Blum, députés de Paris). — *L'Éducation socialiste* (rapport Séverac, professeur, membre de la C. A. P.).

Quatrième numéro (avril) : *Socialisations et nationalisations* (rapport Gaston Lévy, membre de la C. A. P.).

Cinquième numéro (mai) : *Le Problème militaire et le Parti Socialiste* (rapports Paul-Boncour, député de Paris, et Zyromski, membre de la C. A. P.). — *Le Désarmement général et simultané* (Paul Mistral, député de l'Isère). — *Pages*, de Jaurès et de Vaillant.

Sixième numéro (mai) : Discours prononcé par Paul Faure, secrétaire général, au Congrès de Lille sur la *Politique du Parti* (publication décidée par un vote du Congrès).

Ce numéro contiendra en outre des études traitant du recrutement, de l'organisation, des conditions de la bataille électorale de l'année prochaine, etc.

Septième numéro (juin) : *Une Constitution nouvelle* (rapport Pierre Renaudel, ancien député, membre de la C. A. P.). — *Pour une organisation juridique de la paix*, par Jean Jaurès.

Huitième numéro (juin) : *Le Problème financier, — Les Impôts nouveaux. — Les Réparations* (rapports Léon Blum, député de Paris, et Vincent Auriol, député de la Haute-Garonne).

Les deux premiers numéros furent immédiatement mis à la disposition des groupes et militants. Leur tirage fut de 50.000 pour le numéro des assurances sociales et de 20.000 pour les huit heures.

Les commandes atteignirent pour ces deux numéros 17.000 pour l'un et 18.000 pour l'autre.

Le prix de vente avait été fixé à 6 francs le cent franco, les commandes parvenues pour chaque numéro restant à paraître ne furent pas suffisantes pour permettre les livraisons au prix indiqué et nos ressources financières ne nous permettant point de consentir les avances nécessaires au paiement du tirage minimum, l'édition fut momentanément suspendue.

Il est regrettable que malgré les circulaires envoyées à toutes les sections, les nombreux articles publiés par le *Populaire*, les groupes et Fédérations n'aient pas saisi l'importance de ces publications qui auraient permis une propagande excellente, chaque numéro contenant la texture d'une brochure à bon marché. La C. A. P. pense qu'on ne saurait renoncer à ce bon outil de propagande.

E. Le Front unique et les Communistes

A une proposition de front unique adressée par le Parti communiste, le Congrès de Lille avait, sur le rapport de Jean Longuet, voté à l'unanimité la réponse suivante :

Le Congrès du Parti socialiste (S. F. I. O.) a examiné le télégramme que vous lui avez adressé pour proposer à nouveau le front unique, cette fois en vue d'une action « contre l'occupation de la Ruhr, contre la répression gouvernementale et contre le danger d'une nouvelle guerre impérialiste ».

Le Congrès, qui a approuvé la réponse faite en son temps par sa C. A. P. à l'offre première signée alors Frossard, tient tout d'abord à vous rappeler cette réponse. Notre parti vous avait demandé de définir nettement votre méthode de front unique et de donner d'élémentaires garanties de votre bonne foi. Vous avez répondu, rompant ainsi les pourparlers engagés, que vous estimiez « n'avoir pas à soumettre à un nouvel examen une question que vos congrès nationaux et internationaux ont tranchée ».

Tous les reproches de manœuvres que nous adressions alors à votre proposition peuvent aujourd'hui encore vous être adressés.

La manœuvre continue en effet et vous tentez de nous rendre responsables des divisions ouvrières que vous avez vous-mêmes provoquées.

Vous vous êtes gardés de répondre autrement que par un refus à la proposition que nous vous faisions de nous engager chacun de notre côté à exercer sur nos militants l'action nécessaire pour éviter de troubler les réunions et manifestations organisées par vous ou par nous.

C'était un minimum d'accord qui pouvait faire prévoir l'heure d'une unité véritable.

Votre refus l'a écarté. La cause fut donc considérée comme entendue par nous.

Aussi bien, depuis cette époque, quelques faits nouveaux se sont produits.

D'abord l'unité syndicale ne regagne que lentement le terrain perdu et l'adhésion à l'Internationale syndicale moscovite que vous avez préconisée n'a fait qu'aggraver la division sur un terrain où celle-ci est un crime antiprolétàrien, plus grand encore que sur le terrain politique.

Au point de vue de l'unité internationale, les socialistes de tous les pays sont obligés de continuer à élever leurs protestations contre les persécutions dont sont toujours victimes les social-démocrates et les socialistes révolutionnaires en Russie. Vous nous offrez cependant d'agir en commun contre l'occupation de la Ruhr et les dangers de guerre impérialiste. Vous savez cependant que sur ces points votre action s'inspire de principes opposés à la nôtre.

Ni sur la question des réparations, ni sur la question de la reconstruction européenne, ni sur la manière de résoudre les difficultés de la Ruhr, toutes questions liées, vous n'avez pris de position nette qui permettrait l'accord dans l'action.

Nous voulons les solutions qui conduisent à la paix. L'Internationale communiste, à laquelle vous appartenez et qui obéit uniquement aux directives du gouvernement de Moscou, suit une tactique qui risque de créer de nouvelles causes de guerre européenne.

Le Congrès observe au surplus que s'il y a lieu à front unique, le parti communiste ne se trouve guère qualifié pour le proposer. Il a subi une désorganisation telle qu'il s'est fractionné en trois morceaux incapables de se rejoindre pour former eux-mêmes un front unique.

Enfin, le Congrès attire votre attention sur l'article ci-joint du citoyen Jacques Sadoul, paru dans l'*Humanité* la veille même du jour où fut envoyé votre télégramme. Il ne vous échappera pas qu'il souligne étrangement la sincérité de votre proposition.

Le Congrès écarte donc votre offre.

Il espère que vous jugerez inutile à l'avenir, et *tant que les conditions de bonne foi et de loyauté nécessaires à toute action commune posées par nous n'auront pas été réalisées,* de nous adresser des propositions du même genre.

Notre salut socialiste.

Le 14 mars, la C. A. P. fut saisie d'une lettre convoquant le Parti à une conférence, le 17 mars, en Rhénanie, et d'une lettre de F. Adler informant le Parti qu'au nom de l'Union Internationale de Vienne il avait décliné cette invitation, lancée par ordre de la III° Internationale, en application de sa tactique sur le front unique.

La C. A. P., à l'unanimité, décida de passer à l'ordre du jour.

**

Le 18 avril, nouvelle tentative des plumeurs de volailles proposant le front unique à l'occasion du Premier Mai. A l'unanimité la C. A. P. décida de rappeler aux Fédérations la résolution de Lille qui fut publiée à nouveau en première page du *Populaire* du vendredi 20 avril.

**

Au lendemain de l'attentat royaliste contre Violette, Moutet, Sangnier, le 5 juin, la C. A. P. délibérait sur :

1° Une lettre du Parti communiste, du 2 juin, proposant le front unique pour lutter contre les Camelots du Roi et organiser la résistance au fascisme;

2° Une proposition de la Ligue des Droits de l'Homme tendant à l'organisation d'une manifestation des organisations républicaines ouvrières et socialistes défilant devant la maison de Jaurès, première victime du fascisme.

Après délibération, la C. A. P. décida de répondre au Parti communiste la lettre suivante :

Citoyens,

La C.A.P. du Parti socialiste (S. F. I. O.) a examiné votre proposition de « grouper toutes les forces ouvrières dans la résistance au fascisme naissant », en même temps qu'une proposition de la Ligue des Droits de l'Homme tendant au même objet, mais s'adressant à tous les groupements désireux d'en finir avec les brutalités de la réaction.

Résolus à ne rien négliger pour arrêter net le développement du fascisme en France et empêcher le renouvellement des scènes de violence que vous savez, nous faisons une réponse favorable aux deux propositions.

Contrairement à la position prise par votre Bureau politique (*Humanité* du 3 juin), il nous paraît, en effet, impossible d'exclure de la bataille spéciale à mener contre les tentatives criminelles des bandes royalistes ceux-là même qui en ont été directement victimes ou sur qui planent des menaces.

Pour donner tout son plein et tout son sens à cette lutte, il nous semble que tous doivent pouvoir y participer.

Nous ne comprenons pas bien d'ailleurs vos rappels historiques du temps où « les travailleurs ont vu se retourner contre eux les gouvernements républicains qu'ils avaient hissés au pouvoir ».

Il n'est pas et ne saurait être question aujourd'hui d'une alliance politique quelconque, permanente ou accidentelle, affectant l'indépendance et l'autonomie des partis. Il s'agit simplement de mesures qui s'imposent pour assurer la sécurité des personnes et des choses menacées par des malfaiteurs, mesures à arrêter entre tous les groupements intéressés.

Si la Ligue des Droits de l'Homme propose une grande manifestation populaire à la maison qu'habitait Jaurès, première victime du fascisme assassin, dans le but de secouer l'apathie de l'opinion, de faire entendre aux pouvoirs publics la protestation des masses et de signifier aux royalistes que l'heure est venue de mettre un terme à leurs lâches exploits, notre devoir sera d'y être.

Nous y serons et nous voulons espérer encore que, revenant sur votre première décision, vous y serez aussi.

De votre côté, vous nous offrez d'examiner la question avec nous et d'autres organisations. Nous acceptons et chargeons notre bureau de prendre date avec vos représentants pour un prochain entretien sur cet objet et suivant le point de vue que nous venons de vous exprimer.

Agréez, citoyens, nos salutations socialistes.

Le Secrétaire général :

Paul FAURE.

Le citoyen Paul Faure représenta le Parti à la réunion préparatoire organisée au siège de la *Ligue des Droits de l'Homme,* où furent également représentées : la C. G. T., l'Union des Syndicats, la Jeune République, la Ligue de la République, le Parti radical, les Etudiants universitaires, les Combattants républicains, l'Union socialiste communiste, les Loges maçonniques.

Après avoir décidé que la manifestation aurait lieu le 17 juin sous forme de démonstration, les organisations initiatrices y renoncèrent.

Le Parti communiste, ayant décidé d'organiser cette

démonstration le 11 juin, le *Populaire* du samedi 9 publia l'appel suivant sous le titre :

MANIFESTONS CONTRE LE FASCISME.

Jusqu'à hier, nous avions espéré qu'une seule et puissante manifestation populaire, groupant les masses ouvrières et démocratiques de Paris et de la banlieue, se déroulerait du Trocadéro à la maison de Jaurès.

Il n'a pas dépendu de nous qu'il en soit ainsi.

Nos délégués ont participé à des pourparlers avec ceux d'une dizaine d'organisations (C. G. T., Jeune République, Combattants républicains, Parti radical, etc.), réunis à la Ligue des Droits de l'Homme, et l'on s'était mis d'accord pour fixer la date de la manifestation, le 17 juin.

Nous avions accepté d'autre part un entretien que nous avait offert le Parti communiste et auquel le Comité Directeur de ce parti a renoncé pour des raisons que nous ignorons encore.

Nous nous proposions d'insister auprès des communistes pour les décider à manifester avec tous ceux que le fascisme royaliste a déjà frappés ou qu'il menace.

Il nous paraissait impossible, en effet, d'exclure d'une grande démonstration populaire contre les procédés des bandes d'Action Française les journaux, les partis et les hommes qui en ont été les victimes.

Dans le cas où nos efforts pour unifier l'action de tous n'auraient pas abouti, et si deux manifestations avaient lieu, nous étions décidés à participer à l'une et à l'autre.

Brusquement, le Parti communiste s'est emparé du projet arrêté jeudi à la Ligue des Droits de l'Homme et il convoque demain dimanche, à 14 heures, au Trocadéro, le peuple prolétarien de Paris.

En présence de cette décision, les autres organisations ont cru devoir renoncer à leur projet de démonstration.

Il est donc, d'ores et déjà, certain que la protestation populaire ne sera pas aussi ample et imposante qu'on était en droit de l'espérer.

Nous n'avons aucune responsabilité dans cet état de choses, disons-le bien haut.

Nous en discuterons plus tard. Il le faudra.

Pour aujourd'hui, résolus à placer l'intérêt de la classe ouvrière et de la démocratie au-dessus des querelles, des mesquineries, des calculs misérables, des rivalités subalternes, nous ne voulons retenir qu'une chose :

Dimanche prochain, il y a une manifestation du Trocadéro

à la maison de Jaurès, contre les menées royalistes et le fascisme.

Nous ne voulons pas savoir qui l'organise, ni si elle n'eût pas pu être plus grandiose, magnifique et irrésistible par l'adhésion des foules, un instant apaisées et tolérantes ; nous savons seulement que des travailleurs vont à la maison de Jaurès crier leur haine de la violence sauvage, du fascismes assassin.

Nous y allons aussi.

Pour la C. A. P.,

Le Secrétaire général :

Paul FAURE.

Le gouvernement de M. Poincaré ayant interdit la manifestation, *L'Humanité* déclara spontanément que le Parti communiste renonçait à la démonstration.

Le 14 juin, les secrétaires du Parti communiste, Louis Sellier et A. Treint demandaient par lettre (s'autorisant de celle du Parti en date du 8 juin) une entrevue par délégations.

Dans sa séance du 20 juin, la C. A. P. décidait par 9 voix contre 5 qu'une délégation serait nommée pour obtenir des renseignements et entendre les propositions relatives au Comité d'action contre le fascisme. Cette entrevue eut lieu le jeudi 28 juin au siège du Parti communiste. Le communiqué suivant fut passé aux journaux socialistes et communistes :

Après échange de vues sur l'action à mener contre le fascisme, la délégation du Parti communiste a formulé la proposition suivante : 1° Entrée du Parti socialiste dans le Comité d'action déjà constitué par la C.G.T.U., le Parti communiste, l'A.R.A.C. et l'U.S.C. 2° Garanties mutuelles que dans l'action contre le fascisme, les organisations participantes resteront sur le terrain des décisions prises en commun — étant bien entendu que sur les autres terrains d'action les organisations gardent leur entière liberté d'action (clause réalisée dans le Comité d'action déjà constitué). Les citoyens Hubert Rouger et Maurice Maurin transmettront cette proposition à la C. A. P. du Parti socialiste.

La délégation du Parti communiste était composée des citoyens A. Treint, Maranne et deux autres délégués.

Dans ses séances du 11 et 18 juillet, après avoir entendu

le compte rendu de Hubert Rouger et Maurice Maurin, la C. A. P. après délibération décidait de passer à l'ordre du jour.

*
* *

A partir de ce moment le Parti communiste passa la parole aux organisations qui sont sous sa dépendance, pour poursuivre l'offensive de désagrégation des forces socialistes.

Le 14 août, lettre de Dudillieux, secrétaire de la C.G.T.U. annonçant une délégation d'un Comité d'action en vue d'une campagne de *solidarité internationale face aux événements d'Allemagne*. La délégation composée d'un délégué de la C. G. T. U., un délégué du Parti communiste, un délégué de l'A. R. A. C. et Georges Pioch, de l'Union socialiste communiste, fut reçue au secrétariat du Parti socialiste. Paul Faure rendit compte de l'entrevue à la C. A. P. le lundi 20 août.

Elle décida l'envoi de la lettre suivante qui fut adressée par le secrétaire à la C. G. T. U.

Paris, 23 août 1923.

Citoyens,

En examinant la situation créée par les événements d'Allemagne — examen que nous poursuivons en accord avec notre Bureau international de Londres — la C. A. P. a délibéré sur la proposition que vous nous avez faite verbalement de constituer un Comité d'action.

Elle a constaté à nouveau :

1° Que la faiblesse du mouvement ouvrier et socialiste en France résulte des divisions provoquées par les dirigeants de la IIIe Internationale ;

2° Qu'en ce qui concerne le Parti socialiste S. F. I. O. il n'a cessé de préconiser le retour à l'unité organique sur le terrain politique comme sur le terrain économique.

Elle a considéré, en outre, votre proposition comme une suite aux manœuvres du Parti communiste qui l'a inspirée et n'a pas cru, dans ces conditions, devoir y répondre favorablement, conformément à la décision prise unanimement au Congrès de Lille.

Veuillez agréer, etc., etc.

Le Secrétaire général :
Paul FAURE.

Le 2 octobre 1923, encore une lettre de la C. G. T. U., invitant le Parti socialiste à se faire représenter à la réunion d'un Comité d'action contre l'impérialisme français et la guerre.

Dans sa séance du 10 octobre, la C. A. P., après avoir entendu lecture de la lettre, décidait sans discussion de passer à l'ordre du jour.

F. Les victimes de la guerre

Le Congrès de Lille avait voté la résolution suivante :

« Le Parti socialiste affirme sa volonté de continuer à défendre, ainsi qu'il l'a toujours fait, les intérêts des mutilés et de toutes les victimes de la guerre.

Il dénonce l'hypocrisie du Bloc National, qui prétend parler en leur nom et inféoder à sa politique certains de leurs groupements, en même temps que son refus de demander au capital les ressources nécessaires pour améliorer leur sort. Il décide de créer une Commission formée de membres de la C. A. P., du groupe parlementaire, de camarades mutilés, pour arrêter les solutions pratiques et les moyens de propagande destinés à les soutenir. »

En exécution de cette décision la C. A. P., dans sa séance du 21 février, constitua une Commission composée de G. Mauranges, A. Le Troquer, Zyromski, membres de la C. A. P., Aubry, Goude, Rognon, membres du groupe socialiste au Parlement, Hirsch, Borbasch, Checki et G. Guilleaux, membres du Parti, mutilés de guerre.

Le citoyen Hirsch, secrétaire de la Commission, fit à la séance de la C. A. P. du mercredi 24 octobre un exposé complet des travaux de la Commission qui fut, après délibération de la C. A. P., chargée de mettre au point un tract de propagande, énumérant les revendications que le Parti socialiste et ses élus soutiendront en faveur des victimes de la guerre.

La Commission, en accord avec le groupe socialiste du Parlement, a arrêté le texte d'une proposition de loi qui sera déposée par les élus socialistes sur le bureau de la Chambre.

G. En faveur de l'amnistie

« Le Congrès élève sa protestation contre les amnisties mutilées qui symbolisent la politique de répression capitaliste et militariste du gouvernement.

« Il demande à tous les travailleurs de s'organiser de plus en plus fortement en vue de cette action persévérante et vigoureuse qui doit aboutir à la libération des condamnés des conseils de guerre; il salue avec émotion son héroïque élu, Marty, qui concentre sur son nom la protestation indignée du prolétariat; il assure encore une fois qu'il déploiera toute son énergie pour l'arracher aux geôles gouvernementales. »

A la suite du Congrès de Lille, la C. A. P. donna mandat aux sénateurs socialistes et aux conseillers municipaux de Paris de renouveler leurs démarches pour la libération de Marty, à son groupe au Parlement et aux élus cantonaux de poursuivre leur effort en faveur de l'amnistie pleine et entière.

Dans les assemblées départementales, les élus du Parti proposèrent ou firent voter des nouveaux ordres du jour à cet effet.

Enfin la C. A. P. délégua Delépine à deux meetings en faveur de l'amnistie organisés par d'autres organisations, et d'autre part les orateurs du Parti parlèrent dans de nombreuses réunions de l'amnistie dans l'ensemble du pays.

H. Pour les socialistes révolutionnaires russes

« Le Congrès du Parti socialiste (S. F. I. O.) renouvelle sa protestation contre l'emprisonnement et la persécution des social-démocrates et des socialistes révolutionnaires russes qui combattent le régime bolcheviste, et envoie à ceux qui sont les victimes d'une dictature violant les meilleures traditions du socialisme, l'expression de sa sympathie. »

A deux reprises différentes, en mars et en août, la C. A. P. envoyait des télégrammes au gouvernement de la République des soviets pour réclamer également l'amnistie en faveur des socialistes révolutionnaires condamnés à morts, des ouvriers social-démocrates et des syndiqués sans parti, emprisonnés dans les bagnes des soviets pour délit d'opinion.

I. Contre les arrestations

« Le Congrès, fidèle aux principes de la liberté d'opinion, sans lesquels la République serait un vain mot, résolu à défendre le droit des prolétaires à se constituer pour des actions internationales communes, proteste hautement contre la diversion du gouvernement qui, pour essayer de donner le change sur ses redoutables responsabilités, ne craint pas de poursuivre, sous prétexte de complot, les militants communistes.

« Il demande leur libération immédiate, ainsi que celle de toutes les victimes de délit d'opinion. »

Ledit ordre du jour fut transmis au groupe socialiste au Parlement.

VI. — Les Conseils nationaux.

Depuis le Congrès de Lille (3-6 février) le Parti a tenu deux Conseils nationaux, un le 13 mai à Puteaux, le second le 2 novembre, boulevard du Temple, à Paris.

A. Le Conseil national du 13 Mai

Le Conseil national délibéra sur le projet de statuts de l'Internationale ouvrière socialiste sur les questions de l'ordre du jour et mandata sa délégation au Congrès de Hambourg par la résolution suivante adoptée à l'unanimité :

« Le Conseil national a adopté à l'unanimité l'ensemble des statuts qui lui étaient soumis. Il a donné ainsi, par avance, le témoignage de son attachement à l'organisation internationale qui sortira du Congrès de Hambourg.

« Il donne toutefois mandat à ses délégués de s'inspirer, dans les débats de Hambourg, des opinions formulées au cours du présent Conseil, notamment en ce qui concerne l'interprétation des articles 3, 4 et 15 et l'application par le Parti de l'article 9 des statuts relatif à la répartition des voix entre les différents partis.

« Le Congrès demande que soit inscrit à l'ordre du jour du premier Congrès de l'Internationale reconstituée le problème de l'exercice éventuel du pouvoir par les socialistes en régime capitaliste. »

Les citoyens : Paul Faure, Bracke, Léon Blum, Jean Longuet, Grumbach, Georges Richard, Poisson, Léon Bon, Jean Costes, Marius Moutet, Canonne, J. Uhry, Chapelon. Les citoyennes : Saumoneau, Furtoss, J. Uhry, Chapelon, représentèrent le Parti au Congrès fondateur de l'Internationale réuni à Hambourg du 21 au 25 mai 1923.

Saisi des propositions de l'Union socialiste communiste, le Conseil national vota la résolution suivante, également à l'unanimité.

Le Conseil National prenant acte de l'offre de pourparlers adressée à la C. A. P. par « l'Union Socialiste-Communiste », enregistre le fait nouveau que constitue l'adhésion de ce groupement à l'idée d'unité organique de tous les socialistes.

Il l'enregistre avec d'autant plus de satisfaction que ce ne sont pas les membres de notre Parti qui ont jamais glorifié, théorisé, systématisé les scissions bienfaisantes, ni participé aux tristes campagnes d'outrages et de calomnies contre des camarades d'hier.

Le Parti socialiste S. F. I. O. rappelle, à cette occasion, qu'il n'a pas cessé, avant, pendant et depuis le Congrès de Tours, de manifester que rien de ce qui peut maintenir, sauver ou refaire l'unité totale du socialisme en France et dans les autres pays, ne lui fut jamais indifférent.

C'est pourquoi il a conservé immuables la doctrine et les principes qui depuis Amsterdam 1904 et Paris 1905 avaient permis au socialisme français de se développer.

C'est dans ce but qu'à son Congrès de la Toussaint 1921, il réunissait à sa libre tribune tous les socialistes du monde appartenant aux Internationales organisées ou à des partis momentanément autonomes.

C'est sur son initiative que « l'Union Internationale de Vienne » convoquait la Conférence des trois Internationales à Berlin, comme c'est sur son initiative que furent engagées entre les partis socialistes de tous les pays des négociations et des actions communes fécondes qui vont aboutir au regroupement des forces socialistes mondiales.

C'est dans ce même esprit que le Parti socialiste S. F. I. O. va participer au Congrès de Hambourg d'où sortira — il en est sûr — une Internationale puissante, à laquelle il se prépare à donner une confiante adhésion, et dont il acceptera librement la discipline.

Ce rappel de son action et de sa doctrine constante suffit à démontrer que le Parti socialiste est toujours prêt à faciliter tout ce qui pourra aider au rapprochement de tous ceux qui acceptent loyalement les principes fondamentaux du socialisme international.

Il estime que les bases de discussion, avec tout groupement désireux de s'associer aux efforts unitaires, dont il a fourni des preuves répétées — après qu'auront été écartées naturellement celles des thèses de Moscou qui ont amené la scission — doivent être recherchées tout d'abord dans la reconnaissance formelle des principes proclamés à Amsterdam 1904 et à Paris 1905, lors du Congrès d'Unité, et d'une façon générale dans le manifeste du parti communiste de K. Marx et F. Engels, le programme du Parti Ouvrier Français de 1880, celui du Parti de 1919 et, dans la longue suite de nos Congrès Nationaux, à la lueur desquels s'est formée la physionomie véritable du socialisme français.

Nous estimons également que doit être écartée tout ce qui pourrait nous faire apparaître comme hostiles ou même seulement indifférents à l'unité du mouvement syndical au sein de la C. G. T. et de l'Internationale syndicale d'Amsterdam, ce qui est, au surplus, conforme à l'article 24 des statuts de la nouvelle Internationale, unanimement adopté dans la séance de ce jour, article ainsi conçu :

« L'Internationale Ouvrière Socialiste voit dans l'unité du mouvement syndical représenté par la Fédération Syndicale Internationale d'Amsterdam une condition indispensable pour mener avec succès la lutte de classe ».

Cette mise au point établie — bien qu'il ait été saisi de la question sans avoir pu être mandaté à cet effet — le Conseil National autorise la C. A. P., lorsqu'elle aura reçu réponse à la présente déclaration, à engager tous pourparlers qu'elle jugera utiles pour s'informer des intentions des groupements affirmant leur désir d'unité, et qui auraient réalisé les conditions de bonne foi et de loyauté prévues par la motion votée unanimement au Congrès de Lille ; étant entendu qu'aucune décision en cette matière ne pourra être prise qu'après consultation des Fédérations, le Parti restant maître de ses propres destinées.

Le Conseil national du 1er Novembre

La Commission des résolutions du Congrès de Lille avait confié à la C. A. P. la mission de convoquer un Conseil national avant la fin de l'année pour donner au groupe parlementaire toutes indications utiles en vue des débats sur la réforme électorale.

Dans sa séance du 13 juillet, la C. A. P. décidait la convocation du Conseil national pour le 1er novembre à Paris avec l'ordre du jour suivant :

1° Attitude du Groupe socialiste au Parlement au cours de la discussion de la réforme électorale;

2° La situation politique nationale et internationale.

LA RÉFORME ÉLECTORALE.

Sur le premier point à l'ordre du jour, le Conseil national votait la résolution suivante :

Le Conseil National renouvelle au groupe parlementaire le mandat de déployer les plus grands efforts afin que la loi sur la R. P. « juste et loyale » soit acquise lors des prochaines élections législatives.

Par Représentation proportionnelle « juste et loyale » le Parti déclare, pour couper court à tout malentendu, qu'il faut entendre la suppression des primes à la majorité absolue et à la plus forte moyenne lesquelles ont pour résultat de fausser totalement la R. P. et même de la rendre suspecte en tant que mode d'expression du suffrage universel.

Cette double suppression sera la condition nécessaire et suffisante du vote pour l'ensemble du projet de loi soumis à la Chambre, le groupe devant, bien entendu, persévérer dans son effort pour obtenir toutes les autres améliorations proposées, telles que : l'interdiction des listes incomplètes, du panachage, la mise à la charge du Trésor de l'impression et de l'envoi des documents électoraux, l'établissement de circonscriptions électorales permettant le jeu normal de la proportionnalité.

Si la double condition posée ci-dessus n'est pas réalisée, le Parti donne mandat au groupe d'user de tous les moyens que la procédure parlementaire pourra mettre à sa disposition pour jeter à bas la loi actuelle en y substituant même, s'il est besoin, le scrutin d'arrondissement à deux tours.

Mais le Parti n'en persistera pas moins dans sa résolution de réclamer la R. P. véritable, seule forme de scrutin permettant la justice électorale, et de l'établir enfin, dès que les circonstances politiques le permettront.

*
**

Préalablement à l'adoption de cette motion, le Conseil national s'était prononcé sur le mode de scrutin que devraient soutenir les élus au cas où la R. P. ne serait point votée. Les résultats furent les suivants : pour le maintien de la loi actuelle, 138 mandats; pour le scrutin de liste majoritaire avec 2e tour, 217 mandats; pour le scrutin d'arrondissement, 1.416 mandats.

SUR LA POLITIQUE NATIONALE

Le Conseil National charge la C. A. P. de convoquer, dans un délai aussi bref que le permettront les circonstances, le Congrès du Parti qui définira sa tactique électorale.

Il demande aux Fédérations, aux Sections et à tous les militants de consacrer leur plein effort à l'œuvre d'enseignement doctrinal, de recrutement et d'organisation, déterminée par les principes mêmes du Parti, par son programme, et par la doctrine du Socialisme international. C'est cet effort socialiste qui permettra au Parti de s'engager avec le plus de vigueur et d'efficacité possible dans la lutte électorale, quelle qu'en soit la forme et quelles que soient les dispositions tactiques qui seront arrêtées par le prochain Congrès.

Soucieux de ses responsabilités dans la politique générale du pays, le Parti rappelle qu'il n'a cessé, à chaque occasion et sur tous les terrains de politique nationale et internationale, de combattre l'œuvre néfaste de la réaction incarnée par le Bloc National.

Il affirme sa volonté tenace de continuer cette tâche et de diriger son action afin que, dans une République débarrassée de la réaction politique, militariste et cléricale, l'effort socialiste puisse se poursuivre pour aboutir à l'affranchissement du Prolétariat.

(Adopté à l'unanimité moins 3 voix contre et une abstention).

SUR LA POLITIQUE INTERNATIONALE

Le Conseil National salue la reconstruction de l'Internationale socialiste et confirme l'adhésion que le Parti socialiste (S. F. I. O.) a donné à Hambourg.

Le Conseil National prend acte des résolutions votées par le Congrès de Hambourg au sujet du problème des Réparations, mettant la signature de l'Internationale tout entière au bas des solutions positives, élaborées par les organisations socialistes et syndicales de France, de Belgique, d'Angleterre et d'Italie, en plein accord avec les organisations ouvrières d'Allemagne, qui ont toujours proclamé l'obligation de réparations comme un devoir moral de l'Allemagne.

Le Conseil National, approuvant l'ordre du jour qui a été voté le 10 octobre par la C. A. P., renouvelle sa protestation contre l'attitude du gouvernement de M. Poincaré, qui, après avoir refusé d'entrer en négociations avec le gouvernement régulier de la République allemande, au sein duquel furent représentées les organisations ouvrières, a accepté de négocier avec le grand patronat de la Ruhr, qui porte la plus lourde responsabilité dans le sabotage de toute politique de réparation et spécialement avec M. Hugo Stinnes, organisateur de la dévastation des usines du Nord.

Par sa politique, le gouvernement de M. Poincaré, soutenu par une presse servile, qui induit systématiquement le pays en erreur, a affaibli les éléments démocratiques en Allemagne, renforcé la position des nationalistes, dont les progrès menacent la République allemande, garantie essentielle de la paix et d'une collaboration future entre la France et l'Allemagne.

Loin d'assurer à la France des réparations, loin de lui donner la sécurité qui permettrait le désarmement, aussi nécessaire du point de vue moral que du point de vue financier, la politique du Bloc National compromet et les réparations et la sécurité de notre pays.

Si demain, à la suite des événements récents, l'Allemagne se disloquait, ce seraient les pangermanistes qui, retrouvant un idéal, celui de l'unité nationale allemande, en tireraient le plus grand avantage : la paix et les réparations seraient plus compromises que jamais.

Le Conseil National adresse ses salutations à la classe ouvrière allemande, qui, dans des conditions effroyables et affaiblie par une misère indescriptible, lutte pour la sauvegarde des conquêtes révolutionnaires, et espère qu'elle parviendra à faire triompher la République contre l'assaut réactionnaire et les manœuvres des grands magnats de l'industrie.

Le Conseil National, condamnant toute intervention étrangère dans les affaires intérieures d'un pays, donne mandat au groupe parlementaire de demander une enquête sur l'attitude prise par les autorités d'occupation françaises vis-à-vis du mouvement séparatiste.

Convaincu plus que jamais que toute violation des règles de la justice internationale lèse finalement les droits et les intérêts de la France elle-même, convaincu que toute solution du problème des réparations reste impossible en dehors de la collaboration internationale, que le Parti socialiste n'a jamais cessé de préconiser, approuve l'action du groupe parlementaire et de la C. A. P. et leur donne mandat de persévérer dans leur attitude.

Le Conseil national fut saisi de la situation du *Populaire* et d'une proposition de Congrès commun avec l'Union socialiste communiste.

Sur le premier point il mandata le Conseil d'administration et la C. A. P. à toutes fins utiles.

Sur le deuxième point, le Conseil national approuva entièrement l'attitude de la C. A. P. en la mandatant, en dehors de tout Congrès national commun, pour poursuivre son action en faveur de la reconstitution de l'unité socialiste.

VII. — Le Congrès de Hambourg

Au cours de l'année, un grand événement historique s'est produit. Les représentants de trente nations et de quarante partis prolétariens réunis à Hambourg du 21 au 26 mai 1923, fondèrent « l'Internationale Ouvrière Socialiste ».

Elle groupe près de vingt millions de travailleurs de l'ancien et du nouveau continent. Elle constitue la grande organisation prolétarienne, appelée à libérer le monde du travail.

A la conférence internationale des femmes, la France fut représentée par Louise Saumoneau, Furtoss, Uhry, Chapelon.

***

A la veille du Congrès de Hambourg l'*Union des Partis socialistes pour l'action internationale de Vienne* tint une dernière assemblée pour voter sa dissolution, l'ensemble des partis adhérents ayant donné leur adhésion au Congrès fondateur de l'Internationale unifiée à Hambourg.

VIII. — **Les Relations internationales**

Au Congrès de Lille (3-6 juin 1923) les partis frères suivants étaient représentés : *Angleterre* : Roberts, du Labour Party, Wallead, de l'Independant Labour Party; *Allemagne* : Hilferding, de la social-démocratie unifié; *Belgique* : E. Vandervelde, de Brouckère, Vauters, Roosbroock, du Parti ouvrier; *Italie* : Matteoti, du Parti socialiste italien; *Espagne* : Santiago, du Parti socialiste espagnol; *Russie* : Stalinsky, du P. S. R. et Dan, du P. S. démocrate; *Tchéco-Slovaquie* : Dr Winter, de la Social-Démocratie tchèque; *Pologne* : Niedzialkrowsky, du P.P.S.; *Danemark* : Borgjberg, de la Social-Démocratie danoise; *Suède* : Engberg, du P. S. démocrate; *Georgie* : Tseretelli.

Depuis Lille, la S. F. I. O. n'a cessé d'entretenir les plus cordiales relations avec les partis prolétaires des autres pays.

Le contact a été pour ainsi dire permanent avec le Labour Party et le Parti ouvrier belge.

Léon Blum et Jean Longuet sont allés en Angleterre, Tom Shaw et Buxton sont venus en France.

A l'occasion des élections à la Chambre des Communes, le secrétaire général envoya le télégramme suivant au Labour Party :

Parti socialiste S. F. I. O. est de cœur avec vous dans l'admirable effort du Labour Party et fait des vœux ardents pour votre victoire, qui sera celle de tous les défenseurs du prolétariat et des artisans de la paix du monde.

Et au lendemain de la victoire, la C. A. P. et le groupe

socialiste du Parlement adressèrent le message suivant aux camarades anglais :

Le Parti socialiste, Section française de l'Internationale Ouvrière, salue avec joie les résultats des élections anglaises.

Il adresse ses fraternelles félicitations à la section sœur de l'Internationale : au Labour Party, pour la grande et brillante victoire qu'elle vient de remporter sur toutes les fractions de la bourgeoisie.

Le triomphe éclatant des candidatures ouvrières, qui ont rallié la majorité des suffrages du monde du travail britannique, est un avertissement solennel aux classes dirigeantes du capitalisme mondial.

Par sa discipline rigoureuse ; par l'union étroite de ses formations politiques, syndicales et coopératives ; par son organisation solide et méthodique, le prolétariat anglais vient, sous le drapeau de l'admirable Labour Party, de marquer une date historique qui comptera dans les annales du mouvement socialiste.

La victoire socialiste anglaise aura un grand retentissement et sera accueillie avec enthousiasme par les travailleurs du monde entier et de France en particulier, qui verront, en elle, le prélude des victoires plus complètes et plus décisives du Socialisme contre toutes les forces de réaction politique, de conservation sociale et de guerre.

Vive le Labour Party britannique !
Vive l'Internationale Ouvrière socialiste !
A bas la guerre !

Pour le Parti socialiste (S. F. I. O.) :

Le Secrétaire général :

Paul FAURE.

Pour le Groupe parlementaire : Léon BLUM.

Paul Faure, Léon Blum, Jean Longuet, Valière, Auriol sont allés en Belgique et Hubert Rouger représenta la S. F. I. O. au Congrès du Parti ouvrier belge à Bruxelles.

Avec la Social-Démocratie unifiée d'Allemagne et le Parti socialiste italien, les relations furent également assurées par Bracke en Italie, Paul Faure à Francfort, Georges Richard à Berlin, Grumbach en Bavière et en Rhénanie,

Moutet à Hambourg, Le Trocquer et J. Uhry allèrent en Rhénanie mettre leur autorité d'avocat au service de la défense des syndicalistes allemands emprisonnés.

La C. A. P. reçut la visite de Tony Sender, député de Francfort, de Matteoti, Trèves, Modigliani, du Parti socialiste italien, et Daragona, de la C. G. T.

Avec le Parti socialiste espagnol les meilleures relations de fraternelle camaraderie. Caballero, Saborit, Santiago, rendirent visite au siège du Parti, et à l'occasion des élections espagnoles le secrétaire général envoya les souhaits du Parti et le télégramme suivant de félicitations pour les succès obtenus en mai 1923 :

Parti socialiste S. F. I. O. vous adresse ses fraternelles félicitations; il vous renouvelle, à cette occasion, son témoignage de solidarité et de camaraderie.

Le Parti social-démocrate tchèque fut également en contact avec la S. F. I. O. par l'intermédiaire du Dr Winter qui nous apporta à maintes reprises le témoignage de sa fraternelle sympathie, et dans sa séance du 14 novembre la C. A. P. enregistra avec satisfaction le premier pas vers l'entente entre les partis socialistes de Tchéco-Slovaquie.

Egalement le Parti socialiste polonais nous rendit une amicale visite par son représentant Posner.

Le Parti socialiste révolutionnaire et le Parti socialiste démocrate de Russie eurent également l'occasion de resserrer les liens qui les unissent à la S. F. I. O.

Enfin le Parti ouvrier canadien et la Parti socialiste argentin adressèrent des messages de sympathie et de solidarité pour l'action de la S. F. I. O.

*
* *

Le socialisme international fut éprouvé au cours de l'année par la mort du grand révolutionnaire russe Martoff, le 4 avril.

La C. A. P. salua la disparition de cet admirable apôtre du socialisme, envoya une couronne aux obsèques et une adresse de condoléances au Parti russe.

Dans sa séance du 10 octobre, le C. A. P. décida d'accueillir en principe la demande d'orateurs formulée par nos camarades du Parti socialiste suisse.

Elle fut représentée par J.-B. Séverac, Bracke et J. Zyromski aux cérémonies anniversaires de la mort de G. Plekanoff et de Roubanovitch.

IX. — Contre l'occupation de la Ruhr

Dans la séance du 10 octobre la C. A. P. votait la résolution suivante :

La C. A. P. rappelle que le Parti socialiste de France a toujours hautement affirmé le devoir qui incombe à l'Allemagne d'assumer les charges occasionnées par la reconstruction de nos régions dévastées.

Elle rappelle que les organisations socialistes et syndicales d'Allemagne ont toujours, d'accord avec le Parti socialiste de France, proclamé l'obligation de réparer comme un devoir moral de l'Allemagne.

La C. A. P. rappelle que le Parti socialiste de France, tout en combattant comme nuisibles aux réparations véritables et dangereuses pour la paix du monde, les méthodes employées par le Bloc National, a toujours, conformément aux décisions prises par les réunions internationales d'Amsterdam, de Paris, de Francfort, de Hambourg, de Bruxelles, préconisé les mesures pratiques qui auraient tout à la fois soulagé la France d'un fardeau financier écrasant et préservé l'Allemagne de la débâcle et du chaos qui rendront les réparations encore plus difficiles.

Le Parti socialiste de France, dont l'influence à la Chambre et dans le pays n'a pas été assez puissante pour faire accepter ces solutions, a conscience d'avoir toujours su, depuis l'armistice, mettre en harmonie les droits de la France avec les possibilités économiques et les principes de la justice internationale.

En son nom, la C. A. P. se sent aujourd'hui qualifiée pour dénoncer devant le pays l'attitude actuelle du gouvernement de M. Poincaré, qui refuse d'entrer en négociations avec le gouvernement régulier de la République allemande, combattu avec une violence particulière par tous les éléments monarchistes et revanchards, tandis qu'il a accepté de négocier avec le grand patronat de la Ruhr et spécialement avec M. Hugo Stinnes, organisateur de la dévastation des usines du Nord, ennemi de la République allemande, commanditaire des nationalistes bavarois.

Comme si quelque secrète sympathie entraînait vers les pires capitalistes allemands le gouvernement de la République française, c'est déjà avec ce même Stinnes — en dehors du gouvernement allemand, à l'exclusion des syndicats ouvriers allemands — que s'était négocié, il y a un an, l'essai des réparations en nature !

Le même scandale se renouvelle aujourd'hui dans des circonstances infiniment plus graves.

La C. A. P., solennellement, le flétrit et le dénonce à l'opinion populaire avec toutes les conséquences fatales qu'il menace d'engendrer.

Par son attitude, le gouvernement de M. Poincaré devient le complice de toutes les forces réactionnaires de l'Allemagne.

Il met en danger l'existence de la République allemande, garantie essentielle de la paix.

Il compromet, de façon peut-être irrémédiable, les réparations véritables et la sécurité même de la France

X. — Les Propositions d'Unité

Le 11 mars 1923, la Fédération de la Seine de l'Union fédérative des Travailleurs socialistes de France fit part à la C. A. P. d'une proposition concernant les élections au Conseil d'arrondissement de la Seine. Renvoyée à la Fédération socialiste S. F. I. O. la proposition fut acceptée par cette dernière. Les Unions centrales S. F. I. O. et celles de l'Union fédérative présentèrent en accord la candidature d'André Marty dans les dix cantons de la banlieue soumises au renouvellement, et firent élire partout le candidat de l'amnistie.

Dans les premiers jours de mai le secrétaire du Parti recevait la lettre suivante :

Camarade secrétaire,

Nous avons l'honneur de porter à votre connaissance les décisions prises dimanche dernier à notre Congrès national de Boulogne par l'Union Fédérative Socialiste et le Parti Communiste unitaire, qui ont réalisé entre eux une fusion complète.

Vous trouverez ci-joint la déclaration de principe qui sert de charte à la nouvelle organisation.

Nous vous faisons tenir également la résolution en exécution de laquelle nous vous avisons aujourd'hui.

L'organisation née au Congrès de Boulogne ne se considère pas pour l'instant comme un parti nouveau. Afin de travailler au regroupement rapide de toutes les forces révolutionnaires, elle a décidé de tenter un effort immédiat pour appeler les partis communiste et socialiste à réaliser, avec elle, la large unité dont elle vient de donner l'exemple.

Nous n'avons pas besoin d'insister, au lendemain de ce Premier Mai où sont apparues les néfastes conséquences des divisions ouvrières, sur l'urgence de ce rapprochement prolétarien.

Nous croyons fermement qu'une sincère volonté de solidarité révolutionnaire peut et doit l'emporter, dans l'intérêt du prolétariat tout entier, sur tous les partis pris ou les malentendus qui nous séparent.

Nous vous en offrons les bases; la déclaration de notre Comité d'entente précise, en effet, les principes qui nous sont communs.

Entre tous ceux qui les acceptent, l'unité organique est possible et facile; nous sommes prêts, si vous les admettez, à en rechercher avec vous les modalités.

Recevez, etc.

Le Secrétaire :

Georges PIOCH.

*****

Rassemblé à Puteaux le 13 mai, le Conseil national S. F. I. O. saisi de la proposition et des textes joints, nommait une Commission composée de : Bardiès (Aisne), Espinasse (Corrèze), Fray (Nord), Arthur Gibaud (Gironde), Maillot-Duparc (Cher), Parisot (Ain), Restiaux (Seine), Racine (Seine-et-Marne), Zoretti (Calvados),

Hubert Rouger et Séverac de la C. A. P. Cette Commission, par l'organe de J.-B. Séverac, rapporta la motion qui fut votée à l'unanimité. (Voir texte, chapitre : *Les Conseils nationaux*, p. 44 du Rapport.)

**
*

Dans les premiers jours de juin, le Comité central de l'Union socialiste communiste adressait au Parti la lettre suivante :

En réponse à la décision de notre Congrès de Boulogne touchant aux conditions dans lesquelles pouvaient être — entre les différentes organisations politiques du prolétariat — engagés des pourparlers en vue de la reconstitution de l'Unité, vous nous avez saisis de la résolution prise par votre Conseil National.

Nous nous félicitons de constater qu'à votre organisation comme à la nôtre « rien de ce qui peut maintenir, sauver ou refaire l'unité totale du socialisme en France et dans les autres pays » ne reste indifférent.

Mais il serait, à notre sens, contraire à l'intérêt même du but que vous déclarez être disposés à poursuivre avec nous de dissimuler, dès l'origine, les oppositions de principe — s'il en existe — qui pourraient constituer, à un stade quelconque des pourparlers, un obstacle dirimant à ce qu'ils soient poursuivis.

L'unité, sans doute, n'est possible qu'à la condition que dans l'intérêt supérieur de l'action prolétarienne, les uns et les autres renoncent à toute préoccupation d'ordre personnel et à l'examen rétrospectif des responsabilités qui ont pu être encourues, dans les cruelles divisions qui à l'heure actuelle vouent à l'impuissance la classe ouvrière de ce pays.

Mais elle n'est de même possible, que si en toute clarté, la confrontation des principes sur la base desquels nos organisations sont constituées, aboutit à dégager un minimum de données communes, permettant à la discipline qui doit s'imposer à tous, de s'exercer dans des limites nettement déterminées.

Nous avons précisé à Boulogne notre position théorique et les méthodes pratiques d'action qui à l'heure actuelle s'imposent, selon nous, au prolétariat organisé. Votre communication ne semble pas dans son esprit s'opposer, dans l'ensemble, aux principes que nous avons formulés et qui sont exactement con-

tenus dans les résolutions de Congrès auxquelles vous vous référez.

Nous tenons toutefois, dès l'origine, à élever la réserve la plus formelle contre la formule par laquelle vous affirmez que la réalisation de l'unité politique du prolétariat n'est possible qu'entre ceux qui reconnaissent la nécessité de l'unité de mouvement syndical au sein de la C. G. T. et de l'Internationale syndicale d'Amsterdam.

Cette affirmation est d'ailleurs en contradiction absolue avec les décisions prises « dans la longue suite des Congrès nationaux à la lueur desquels s'est formée la physionomie du socialisme français » que vous invoquez comme directives.

Elle s'oppose nettement à la résolution du Congrès de Limoges que nos adhérents sont unanimes à considérer comme charte en ce qui concerne leur attitude vis-à-vis du mouvement syndical, Qu'ils adhèrent à la C. G. T. de la rue Lafayette ou qu'ils participent à l'organisation des syndicats unitaires, nos camarades sont animés du même ardent désir de reconstitution de l'unité syndicale, mais ils s'interdisent formellement au sein de leur parti politique d'envisager la forme et les modalités suivant lesquelles peut être réalisée cette unité qu'il appartient à la seule classe ouvrière groupée dans ses syndicats nettement indépendants de toute sujétion politique, de déterminer elle-même.

Cette réserve fondamentale, en ce qui nous concerne, faite relativement à la seule condition précise que vous paraissiez avoir posée à l'ouverture éventuelle de pourparlers d'unité, nous sommes d'accord avec vous pour estimer que les bases de discussion doivent être recherchées tout d'abord dans la reconnaissance formelle des principes proclamés à Amsterdam en 1904 et à Paris en 1905 lors du Congrès d'unité et d'une façon générale dans le Manifeste communiste de K. Marx et F.-Engels.

Il ne saurait vraisemblablement entrer dans votre pensée — trop nombreux sont encore dans notre sein, les militants qui les ont combattues — de vous demander par contre de nous rallier aux formules du socialisme de guerre telles qu'elles ont été définies dans les congrès antérieurs à 1919 ; il est d'ailleurs nécessaire que la position du prolétariat français en face des problèmes redoutables posés à l'attention des Travailleurs par la guerre et la révolution russe, celui du militarisme et de la défense nationale, la notion de la conquête révolutionnaire du pouvoir et de la dictature prolétarienne soit expressément définie à la base de toute tentative d'unité....

Les membres de notre organisation ont quitté le Parti Com-

*muniste pour s'être refusés à souscrire aux formules orga-
niques imposées par la 3ᵉ Internationale en ce qui concerne
l'action interne du Parti. Mais sauf les réserves les plus ex-
presses faites à cet égard par la plupart d'entr'eux à la tribune même du Congrès de Tours, ils restent fidèles aux idées
directrices du Communisme révolutionnaire qui ne consti-
tuent d'ailleurs que le rappel de celles autour desquelles s'est
constitué le socialisme traditionnel tel qu'il a été défini par
ses penseurs de Marx à Engels et Guesde, Jaurès et Vaillant.*

*Il nous appartient, croyons-nous, de définir quelles sont
parmi les thèses de Moscou qui ont amené la scision celles
qui nous paraissent incompatibles avec la conception que vous
vous faites de l'unité organique du prolétariat français.*

*A vrai dire, les décisions du Congrès International de
Hambourg auxquelles vous vous êtes referés avant la lettre,
seraient un obstacle plus sérieux à l'ouverture effective de
pourparlers d'unité; il vous appartient notamment de pré-
ciser si en ce qui concerne la participation ministérielle et les
méthodes de collaboration avec la bourgeoisie — que les décisions d'Amsterdam et le pacte d'unité de 1905 avaient formellement condamnées — votre parti entend maintenir rigou-
reusement les principes constitutifs de l'ancienne unité.*

*Si sur ces différents points les éclaircissements que vous
pouvez nous donner sont de nature à dissiper les appré-
hensions que le caractère imprécis de votre communication
avait pu faire naître parmi nous, si par conséquent la définition que nous avons donnée à Boulogne de l'action politique
prolétarienne, s'harmonise avec vos propres conceptions, nous
sommes disposés à engager avec vous des pourparlers, qui,
en toute dignité, permettront à nos groupements de réaliser
dans ce pays le maximum d'unité possible des organisations
politiques prolétariennes.*

*Cette unité ne pourra évidemment consister dans l'absorp-
tion de l'une des deux fractions par l'autre, mais dans la
fusion loyale de groupements disposés à poursuivre ensemble
sur des principes communs, l'effort décisif pour l'émancipation du prolétariat.*

Agréez, etc.

Signé : Le Secrétaire général,
Georges PIOCH.

***

Le 9 juillet le secrétaire du Parti envoyait, conformément aux délibérations de la C. A. P., la lettre suivante :

Citoyen Georges Pioch

Secrétaire de l'*Union Socialiste-Communiste*
50, rue de Rivoli, Paris

Citoyen,

Notre C. A. P. a délibéré sur les termes de votre lettre du 2 juin et m'a chargé de vous adresser la réponse suivante :
Voici tout d'abord un éclaircissement sur la question syndicale.
Le Congrès de Hambourg a voté les Statuts de la nouvelle Internationale. L'article 24 est ainsi conçu :
« L'I. O. S. voit dans l'unité du mouvement syndical représenté par la Fédération Syndicale Internationale d'Amsterdam une condition indispensable pour mener avec succès la lutte de classe.
« L'I. O. S. voit dans l'unité du mouvement coopératif représenté par l'Alliance Coopérative Internationale de Londres un appui économique d'une importance considérable pour la classe ouvrière dans la lutte pour son émancipation.
« En conséquence, l'I. O. S. restera en contact permanent avec la Fédération Internationale d'Amsterdam et l'Alliance Coopérative Internationale de Londres et se déclare prête à tenir, à l'occasion, en commun avec ces organisations internationales des réunions et des congrès généraux de la classe ouvrière mondiale en vue de délibérer sur tous les problèmes communs à ces organisations.
« L'I. O. S. appelle tous les travailleurs à réaliser l'unité du mouvement socialiste dans chaque pays et dans l'Internationale. Elle est résolue à travailler de toute son énergie, sur la base des décisions et résolutions prises par elle, à la réalisation de cette unité. Elle invite les socialistes de tous les pays à soutenir ses efforts en s'efforçant eux-mêmes de la manière la plus active à constituer un front unique prolétarien contre le capitalisme et l'impérialisme, tant dans leur propre pays qu'au sein de l'organisation de la classe prolétarienne internationale ».
En ce qui concerne les autres questions soulevées par vous : militarisme et défense nationale, conquête du pouvoir et dic-

tature prolétarienne, participation ministérielle, etc., nous nous en référons également soit aux résolutions du Congrès de Hambourg, soit à celles du socialisme français depuis 1905, ces dernières bien connues de la plupart d'entre vous, qui nous étaient communes jusqu'à la scission de Tours et qui règlent en ce qui nous concerne, la question de la participation ministérielle.

Est-il utile d'ajouter — ce que vous savez parfaitement — que notre Parti étant un parti de libre discussion, tous ces problèmes et d'autres encore, peuvent toujours être évoqués par les voies régulières de nos règlements et statuts, que nous avons conservés intacts et que beaucoup d'entre vous avaient acceptés en prenant jadis leur inscription dans l'ancien Parti unifié.

Vous nous demandez, en outre, de vous définir quelles sont parmi les thèses de Moscou qui ont amené la scission, celles qui nous paraissent incompatibles avec la conception que nous nous faisons de l'unité organique du prolétariat français.

Sur ce point, une réponse complète dépasserait de beaucoup les limites d'une simple lettre. Mais nous pensons qu'ici aussi, il ne doit plus y avoir de vous à nous de désaccord irrémédiable. Le fait qu'après expérience la maison édifiée sur les méthodes de Moscou a été jugée inhabitable par vous est de nature à confirmer cette appréciation optimiste et confiante.

Ce à quoi nous tenons par dessus tout, c'est à la pratique des méthodes démocratiques de l'intérieur du mouvement ouvrier ; c'est à garantir à chacun des adhérents de notre Parti la plénitude de ses droits de délibération, de gestion, de contrôle.

Autant qu'il nous est possible d'en juger par la grande partie de vos déclarations, il semble que rien dans votre mouvement ne s'oppose irréductiblement à ces conceptions dans leur ensemble.

Pratiquement, et pour conclure, nous vous rappelons que notre C. A. P. n'est qu'un organisme d'exécution, et que nous sommes liés par les résolutions de nos Conseils et Congrès Nationaux ; qu'en conséquence, toute décision d'ordre général, proposée par vous, ne pourrait qu'être renvoyée à une prochaine Assemblée souveraine de notre Parti ainsi que cela a été expressément indiqué dans la réponse que vous adressa en mai dernier notre Conseil National.

C'est un chemin qui nous conduit vers l'Unité, nous l'espérons fermement, mais il y en aurait un plus court, ce serait, si vous estimez que rien ne nous sépare sur le terrain des principes et des méthodes d'action ; que vous invitiez vos groupes fédéraux à rallier les nôtres ou à fusionner avec eux, peu importe la forme et les mots.

Si quelques difficultés surgissaient, nous nous efforcerions ensemble, en toute loyauté, de les résoudre, et ainsi l'unité que vous désirez serait obtenue plus aisément et plus vite.

Agréez, citoyen, nos salutations socialistes.

Signé : Paul FAURE.

P.-S. — Si des explications complémentaires sur les idées contenues dans la lettre vous paraissent nécessaires, nous sommes prêts à vous les donner oralement, par voie de délégués.

Par sa lettre en date du 20 juillet, l'Union socialiste communiste faisait connaître qu'elle avait nommée sa délégation. La C. A. P. délibérait le 25 et mandatait : Paul Faure, Hubert Rouger, Gaston Lévy, Jean Longuet, Maurice Maurin, Ferdinand Morin, Louise Saumoneau pour la représenter.

Les deux délégations se réunirent au *Populaire* le lundi 30 juillet. Etaient présents : Auclair, Frossard, Pioch, Verfeuil pour l'U. S. C. ; Gaston Levy, Hubert Rouger, Maurice Maurin, Louise Saumoneau pour la S. F. I. O. Excusés : Paul Faure, Jean Longuet, F. Morin, A. Morizet.

La délégation S. F. I. O. exposa le mandat reçu de la C. A. P. Rester sur le terrain des Congrès nationaux et internationaux dont les résolutions ne doivent pas être remises en discussion, pourparlers sur le terrain fédéral, entremise de la C. A. P. et du Comité central, au cas où des difficultés surgiraient, pour les aplanir.

L'Union socialise communiste par ses délégués fit connaître qu'elle désirait la constitution d'un Comité d'entente et la convocation d'un Congrès national commun aux deux organisations.

Les deux délégations se séparèrent pour en référer à leurs mandants, étant entendu que de nouvelles entrevues pourraient avoir lieu à la suite de nouvelles délibérations des organismes centraux.

Dans sa séance du 8 août la C. A. P. entendit le compte rendu de ses délégués. Elle décidait unanimement :

1° *Que les Fédérations intéressées seraient informées de l'état actuel des pourparlers et que la C. A. P. ne verrait aucun inconvénient si elles le croyaient utile au parti d'accepter dans leur ressort des propositions d'union avec les éléments adhérents à l'U. S. C.*

2° *Maintenant ses résolutions antérieures, la C. A. P. examinera dans le même esprit que précédemment et en se tenant dans le cadre de la décision du Conseil national toutes les propositions d'unité qui pourront lui être faites.*

Le 22 octobre 1923, le secrétariat recevait la lettre suivante :

Il y a déjà plusieurs mois, l'Union socialiste communiste vous faisait des propositions tendant à la reconstitution de l'Unité des forces socialistes et communistes. Une délégation de notre groupement et une délégation de votre parti se rencontrèrent, mais vous nous fîtes connaître au cours de cette rencontre que votre mandat était extrêmement limité et la conversation ne pût aboutir.

Nous tenons aujourd'hui à vous renouveler les propositions que nous formulions alors et de vous demander notamment si vous êtes disposés, en vue de réaliser l'unité organique des forces socialistes et communistes, à participer à un Congrès commun de toutes les organisations politiques de la classe ouvrière, seul moyen qui nous paraît susceptible de réaliser rapidement, complètement et loyalement cette unité.

Nous attirons, d'autre part, votre attention sur les décisions prises par le parti communiste à son dernier Conseil national en ce qui concerne la formation d'un bloc ouvrier et paysan pour les prochaines élections législatives.

Fidèle à sa charte constitutive et à la politique qu'elle n'a cessé de pratiquer depuis le Congrès de Boulogne, l'U. S. C. se prononce pour le bloc ouvrier et paysan, étant entendu naturellement qu'un programme précis sera au préalable élaboré en commun par les organisations participantes.

A l'effet d'aboutir à la formation de ce cartel ouvrier — et à défaut de l'unité organique que nous souhaitons — nous vous proposons l'ouverture de pourparlers qui pourraient — si nous sommes d'accord — s'engager dans le plus bref délai.

Persuadés que vous comprendrez tout l'intérêt qui s'attache aux propositions que nous vous soumettons, et dans l'espoir que vous les accueillerez favorablement, nous-vous prions d'agréer, etc., etc..

Le Secrétaire :

Raoul VERFEUIL.

Dans sa séance du 31 octobre, la C. A. P. délibérant sur cette lettre décidait d'en saisir le Conseil national du 1er novembre.

Paul Faure en donna lecture à la séance de nuit. Le Conseil national approuva les diverses résolutions et la positions prises par la C. A. P. et lui donna mandat de poursuivre dans le même esprit son action en faveur de la reconstitution de l'unité.

Dans ses réunions du 21 novembre et du 28 du même mois, Paul Faure faisait connaître les conversations officieuses qu'il avait eues avec des militants de l'U. S. C. Après débat, la C. A. P., ayant repoussé un ordre du jour Mayéras opposé à tous nouveaux pourparlers de fusion, par 9 voix centre 5 et 2 absentions, votait par 11 voix contre 2 et 3 abstentions, l'ordre du jour Zyromski-Paul Faure ainsi conçu :

La C. A. P. saisie d'une proposition d'unification par le Parti socialiste communiste, maintient ses décisions antérieures concernant la fusion des groupes et des Fédérations et, afin d'activer le mouvement, charge sa délégation déjà nommée, de poursuivre les négociations avec les représentants qualifiés du Parti socialiste communiste, qui détermineront d'une façon générale, les conditions de fusion et qui aplaniront les difficultés locales qui pourront s'élever.

Le vendredi 14 décembre, eut lieu dans les bureaux du *Populaire*, une entrevue à laquelle assistaient : Paul Faure, Hubert Rouger, Maurice Maurin, Jean Longuet, Gaston Lévy, et Le Troquer pour la S. F. I. O.; Henri Sellier, Verfeuil, Morizet, Frossdard, Méric, Paul Louis pour l'U. S. C.

Après un échange de vues au cours duquel chaque délégation définit le mandat donné et la position prise par son organisation, une sous-commission composée de Paul Faure, Gaston Lévy, R. Verfeuil, Henri Sellier, fut nommée pour chercher un texte commun sur lequel pourrait se réaliser la fusion par Fédérations (1).

*
**

Le secrétariat du Parti ayant reçu une lettre du citoyen Arthur Rozier, secrétaire du P. S. F., proposant des pourparlers, la C. A. P. mandata Paul Faure qui répondit au P. S. F. qu'elle était disposée à engager des conversations par la voie de sa délégation.

XI. — **Proposition d'action commune**

La C. A. P. fut également saisie le 3 septembre d'une proposition d'un *Comité général pour l'amnistie* constitué sur l'initiative du Comité de défense sociale et auquel adhéraient la C. G. T. U., l'Union anarchiste, l'A. R. A. C., l'Union des locataires, la Fédération ouvrière et paysanne, le Comité Goldsky, l'Union socialiste communiste.

Dans sa séance du 5 septembre, la C. A. P. décida de réserver l'adhésion du Parti au Comité, mais délégua Delépine comme orateur au meeting organisé en faveur de l'amnistie.

Le 14 octobre, le Comité de défense sociale organise un Comité pour la défense de Mateu et Nicolau, condamnés en Espagne par une juridiction exceptionnelle.

La C. A. P. délégua le citoyen Hubert Rouger au titre d'information, et après avoir entendu le compte rendu de ce dernier indiquant les organisations représentées : Défense sociale, Union anarchiste, Fédération ouvrière et paysanne, Parti communiste C. G. T. U., Union des syndicats unitaires, C. G. T., Union des syndicats confédérés, Union socialiste communiste, A. R. C., elle décida de ne

---

(1) Il sera rendu compte au Congrès national des pourparlers postérieurs à la date d'impression du rapport.

pas donner l'adhésion du Parti au Comité, mais d'envoyer ses orateurs, Delépine et Le Troquer, aux meetings de protestation.

D'autre part, saisie par la *Ligue des Droits de l'Homme,* le 9 février, d'une convocation des partis, associations et journaux de gauche en vue d'une affiche commune contre l'agitation royaliste et de la constitution d'une Ligue d'entr'aide permanente en vue d'assurer la liberté de réunion, la C. A. P., réunie le 15 février, mandata son secrétaire de répondre par la lettre suivante :

Paris, 16 *février.*

Mon cher secrétaire,

J'ai communiqué hier soir à la C. A. P. les deux documents (entr'aide et projet d'affiche), que vous avez bien voulu me faire parvenir. Tout en rendant hommage à l'initiative de la « Ligue des Droits de l'Homme » — *avec laquelle nous avons été heureux d'entretenir de cordiales relations — et aux bonnes intentions des journaux et organisations qui ont répondu à son appel, il nous a semblé que les circonstances présentes n'étaient pas de nature à justifier ce qui nous est proposé.*

Si le danger de la réaction fasciste ou royaliste se précisait et se développait — ce qui nous paraît invraisemblable pour l'instant — il est bien entendu que le parti socialiste examinerait toutes les mesures à prendre pour y parer, au besoin un accord avec les autres organisations se réclamant des libertés républicaines et des méthodes démocratiques.

C'est dans cet esprit de bonne confraternité que nous vous prions de croire, mon cher Secrétaire, à nos vives sympathies.

Signé : Paul FAURE.

XII. — Nos relations avec les organisations ouvrières

Le Parti a entretenu les meilleures relations avec les organisations ouvrières et syndicales.

C'est ainsi que la C. G. T. fut représentée, comme tous

les ans, à la Commémoration Jaurès-Guesde le 28 juillet. Le camarade Buisson prit la parole en son nom.

Le Parti répondit à l'appel qui lui fut adressé par la C.G.T. et l'Union des syndicats à l'occasion de la grandiose manifestation contre la guerre au Trocadéro, le 11 novembre où Léon Osmin et Léon Blum prirent la parole au nom de la S. F. I. O.

D'autre part, Compère-Morel représenta le Parti au Cinquantenaire du Syndicat du Textile à Lille, le 21 février. Paul Faure, Évrard et de nombreux élus du Parti prirent part le 5 août à la grandiose manifestation organisée en commun par les syndicats et le Parti à Lens où plus de 60.000 ouvriers prirent part.

Des manifestations communes furent organisées dans la plupart des départements où nos Fédérations agirent en complet accord avec les Unions départementales des syndicats.

Le Bolchevisme porta la destruction partout. Cette année-ci ce fut au sein de la Fédération sportive du Travail qui s'est scindée en deux.

La vieille organisation sportive sera soutenue par le Parti ; la C. A. P. lui a accordé son appui moral et proposera une modeste aide financière à cette excellente organisation.

En revanche, la Confédération nationale des locataires a retrouvé son unité, et le Parti entretient avec elle de bonnes relations. C'est ainsi que la C. A. P. délégua le camarade Maurice Maurin pour la représenter au meeting organisé en octobre lors du Congrès des propriétaires.

XIII. — **Les Anniversaires socialistes**

L'anniversaire du 18 mars et celui de la semaine sanglante furent célébrés comme d'habitude, l'organisation en ayant été confiée à la Fédération de la Seine.

Le 3 juin, la cité ouvrière de Carmaux inaugura un beau monument à Jean Jaurès au milieu d'une foule considérable et enthousiaste.

La C. A. P. fut représentée par : Paul Faure, Hubert,

Rouger, Paul-Boncour, Compère-Morel, R. Evrard, Bracke et E. Poisson; le groupe au Parlement par : Blum, Moutet, Chaussy, Auriol, Plet, Ringuier, C. Bernard, G. Richard, Masson.

Prirent la parole au nom du Parti : Paul Faure, Paul-Boncour, Moutet, Masson, Blum et Compère-Morel.

Le 28 juillet, au Palais de la Mutualité, sous la présidence de Léon Osmin, secrétaire de la Fédération de la Seine, le Parti commémora le souvenir de Jean Jaurès et Jules Guesde.

Prirent la parole : Léon Blum et Paul-Boncour, au nom du Parti; Buisson, au nom de la Confédération générale du Travail; Emile Kahn, au nom de la Ligue des Droits de l'Homme; puis au nom de l'Internationale Louis Pierard, député de Belgique, Tony Sender, député au Reichstag d'Allemagne, Kraichel, député du Landstag d'Autriche.

Des télégrammes et des adresses des Partis socialistes russes, de Pablo Iglesias et de Caballero du P. S. Espagnol de Jarblum de Poalè Sion, de Mme Plékanoff, furent lus et acclamés.

A l'anniversaire de la mort de Marcel et de Georgette Sembat, la C. A. P. fut représentée par Jean Longuet, Maurice Maurin, Barrion et Grumbach.

Contre le Fascisme

La C. A. P. invita la Fédération a organiser des manifestations de protestation contre le fascisme, et le 18 juillet elle prit l'initative d'un grand meeting qui réunit au Palais de la Mutualité, les travailleurs socialistes parisiens qui firent entendre leur protestation contre le coup de force de Corfou.

Paul Faure, Compère-Morel, Grumbach et Marius Moutet prirent la parole.

Rapports des Délégués du Parti à l'Internationale

Camarades,

L'événement le plus important cette année pour le mouvement socialiste international a été ce Congrès de Hambourg où ce qui pouvait être reconstitué d'unité prolétarienne a été organisé. C'est là, pour la classe ouvrière du monde entier un fait de première importance.

Sans doute, nous n'avons pas vu encore se rétablir le front entier du prolétariat pour la lutte de classe contre un capitalisme de plus en plus uniformisé et, par conséquent, se formant de plus en plus aisément un rempart sans fissure contre la conquête prolétarienne dans tous les pays. C'est à quoi tendaient les résolutions prises dans ce Congrès de la Toussaint 1921 dont notre Parti peut rester fier. C'est dans la voie qu'il avait tracée que tous les partis adhérents avec nous à l'Union de Vienne avaient marché pour essayer de rétablir l'Internationale entière.

Mais si, devant la volonté de division représentée par l'Internationale moscovite, les efforts avaient échoué, il y avait accord, au moins, entre tous les partis qui ne se subordonnent pas au gouvernement de Moscou, pour refaire une Internationale unique, où trouveront leur place toute prête toutes les organisations prolétariennes qui voudront, par de libres délibérations, travailler ensemble à l'affranchissement du travail dans le monde.

C'est le mandat que vous aviez donné à la Commission administrative permanente ainsi qu'à vos délégués. Nous l'avons rempli de notre mieux.

Le 4 avril de cette année se réunissait à Brégenz, en territoire autrichien, le Comité des Dix, dont cinq membres représentant l'Union de Vienne et cinq représentant la IIe Internationale, chargé de préparer le Congrès socialiste international convoqué à Hambourg.

C'est là que furent arrêtés, après une délibération où Bracke présenta les observations de notre Parti, le projet de règlement du Congrès ainsi que le projet de statuts de l'Internationale qu'avaient préparé en commun le secrétaire de l'U. P. S., Frédéric Adler, et le secrétaire de l'Internationale de Londres, Tom Shaw.

La date du Congrès de Hambourg y fut fixée aux 21-24 mai.

Le lendemain, c'était la Commission des Neuf constituée à Amsterdam par la conférence commune de l'Internationale syndicale, de l'Internationale de Londres et de l'Union de Vienne qui était réunie pour prendre connaissance des résultats de l'enquête décidée sur la situation économique de l'Allemagne. Assistaient à cette séance : Fimmen, Jouhaux, Thomas, pour la Fédération internationale syndicale ; T. Shaw, Wells, de Brouckère, pour l'Internationale de Londres ; Otto Bauer, Walhead, Bracke (suppléant Léon Blum), pour l'Union de Vienne. On y pouvait constater que l'enquête approfondie représentait un état de l'Allemagne qui, tant les événements se précipitaient, ne correspondait déjà plus à la détresse économique du moment où l'on se trouvait, et qui s'est encore aggravée depuis.

Le 7 avril, on reprenait les travaux du Comité des Dix, pour considérer : 1° les mesures à prendre pour l'organisation du Congrès de Hambourg, en vue de lui assurer tout son éclat et toute sa portée ; 2° les diverses hypothèses qui pourraient se présenter, une fois les statuts adoptés, pour la constitution définitive de l'Internationale (choix d'un siège, nombre de secrétaires, etc.).

Vous avez pu voir, Camarades, le succès de ces préparatifs. Le Congrès de Hambourg constitue une date dans l'histoire des batailles prolétariennes. Les millions de travailleurs groupés aujourd'hui dans l'Internationale ouvrière socialiste — dont le numéro importe peu, puisque, au fond, c'est toujours la première *Association internationale des Travailleurs* qui s'y continue — sont prêts à tout faire pour compléter l'œuvre d'unité et, en attendant, pour lutter en accord complet, chacun dans leur pays, contre la domination capitaliste.

Ouvert le 21 mai, le Congrès a voté les statuts de l'Internationale et voté des résolutions que nous donnons plus loin. Nous n'avons qu'à nous rappeler et l'accueil hospitalier reçu des camarades de Hambourg, qui surent écarter fermement les attaques de prétendus communistes, et les admirables discours prononcés par Otto Bauer sur la lutte contre la réaction internationale et par notre Léon Blum, sur la lutte contre l'impérialisme, pour réveiller en vous, j'en suis sûr, des souvenirs de joie et de fierté.

Le Comité exécutif de l'Union de Vienne où étaient présents Jean Longuet et Bracke, s'était réuni dès le 18 mai pour prendre les dernières dispositions.

Bracke assistait, le lendemain, à la réunion du Comité des Dix pour l'organisation des Congrès. Enfin, le dimanche 20 mai, veille de l'ouverture, l'Union de Vienne tenait son dernier Congrès international, où notre Parti était représenté par *Paul Faure, Bracke, Blum, J. Longuet, M. Moutet, Grumbach, Georges Richard, Poisson, Léon Blon, Costes, Canonne, J. Uhry, Chapelon* et les citoyennes *Saumoneau, Furtos, Chapelon, Uhry.*

Elle y pouvait jeter un coup d'œil tranquille sur le rôle qu'elle avait joué, ne cessant d'avoir en vue la reconstitution de l'Unité, et sur le progrès, dont elle avait sa bonne part, accompli dans la voie de cette réorganisation, et elle y pouvait prendre avec espoir la résolution de continuer son œuvre dans une formation plus vaste.

C'est dans cet esprit que l'Union de Vienne, et les délégués du Parti socialiste S. F. I. O. parmi les premiers, décidait sa dissolution au cas où les statuts de l'Internationale reconstruite seraient adoptés, comme ils le furent par tous les partis assemblés.

C'est désormais au Comité exécutif de l'I. O. S. que Jean Longuet et Bracke ont été délégués. Bracke a été désigné par l'Exécutif pour faire partie du Bureau que prévoient les statuts.

Ce Bureau devait se réunir le 12 juillet pour examiner la situation internationale et principalement celle de l'Allemagne. Mais les perturbations apportées à la vie internationale sont telles qu'à cette réunion, convoquée à Bruxelles, les délégués allemands ne purent se rendre et qu'une autre séance prévue comme devant avoir lieu à Londres le 21, ne put pas se tenir davantage.

Néanmoins, la réunion de Bruxelles, à laquelle Léon Blum, désigné par son étude incessante des problèmes soulevés par l'occupation de la Ruhr, assistait en remplacement de Bracke, permit aux représentants des divers partis représentés un utile échange de vues.

La dernière réunion de l'Internationale a été à cette session du Comité exécutif de l'I. O. S. (3-4 octobre), où le Bureau de l'Internationale syndicale se joignit à lui pour voter et publier la résolution que vous connaissez sur l'occupation de la Ruhr. Cette réunion tenue à Bruxelles, et où notre Parti fut représenté par Jean Longuet, a donc, une fois de plus, groupé dans une action commune le prolétariat international organisé sur le terrain syndical en même temps que sur le terrain politique.

BRACKE.

Les Résolutions du Congrès international de Hambourg

Statuts de l'Internationale ouvrière socialiste votés à Hambourg le 23 Mai 1923

A. — *L'Internationale ouvrière socialiste*

ARTICLE PREMIER. — L'Internationale ouvrière socialiste (I. O. S.) est constitue par l'union des partis socialistes qui reconnaissent dans le remplacement du mode de production capitaliste par le mode de production socialiste le but, et dans la lutte de classe, qui se manifeste dans l'action politique et économique, le moyen d'émancipation de la classe ouvrière.

ART. 2. — L'I. O. S. a pour objet d'unifier l'action des partis adhérents et de les grouper dans des actions communes.

Elle tend à l'unification complète du mouvement ouvrier socialiste international, conformément aux principes de ces statuts.

Les partis réunis dans l'I. O. S. prennent l'engagement de n'appartenir à aucune union politique internationale existant en dehors elle.

ART. 3. — L'Internationale ouvrière socialiste ne peut être une réalité vivante que dans la mesure où ses décisions, dans toutes les questions internationales, sont obligatoires pour tous les éléments qui la composent. Toute décision de l'organisation internationale représente donc une limitation volontairement acceptée de l'autonomie des partis de chaque pays.

Art. 4. — L'I. O. S. n'est pas seulement un instrument en vue des tâches de la paix, mais un instrument également indispensable pendant toute guerre. Dans les conflits entre nations, les partis adhérents reconnaissent, en ce qui les concerne, l'I. O. S. pour instance suprême.

Art. 5. — Les organes d'exécution de ces objectifs sont : 1° Le Congrès international; 2° l'Exécutif; 3° le Bureau; 4° la Commission administrative; 5° le Secrétariat.

B. — *Le Congrès international*

Art. 6. — Le Congrès est convoqué par l'Exécutif lorsque les événements politiques l'exigent, mais au moins une fois tous les trois ans. Le prochain Congrès aura lieu au plus tard en 1925. L'Exécutif doit, à moins que des motifs impérieux ne s'y opposent, faire connaître la date et le lieu du Congrès au moins quatre mois avant sa tenue. L'Exécutif doit convoquer dans le moindre délai possible un Congrès international, si cette convocation est réclamée par au moins dix partis adhérents représentant au moins un quart total des voix au Congrès.

Art. 7. — Ne peuvent prendre part au Congrès que les partis adhérents à l'I. O. S. L'affiliation à l'I. O. S. est décidée par l'Exécutif, sous réserve de l'assentiment du Congrès.

Art. 8. — Chaque parti a droit à un délégué par 3.000 membres adhérents, sans que le total de ses délégués puisse dépasser le maximum de 50.

Art. 9. — Le Comité exécutif attribuera à chacun des partis représentés au Congrès un certain nombre de voix dans les votes en séances plénières. Pour déterminer ce nombre de voix, il sera pris pour base tant le nombre d'adhérents à chaque parti que la force totale du prolétariat organisé dans le pays (syndicats, coopératives, presse socialiste, suffrages obtenus aux élections, etc.). Le maximum des voix revenant à un parti est de 30.

Le vote par voix attribuées à chaque parti sera substitué au vote par tête lorsqu'il sera réclamé par au moins 30 délégués au Congrès représentant au moins cinq pays différents.

C. — *L'Exécutif*

Art. 10. — Les membres du Comité exécutif sont choisis par les partis adhérents. Le nombre des membres délégués à l'Exécutif par chacun d'eux est proportionnel à leur nombre de voix au Congrès international. Dans les pays où co-existent plusieurs nationalités, l'organisation de chaque nationalité est comptée séparément. Le fractionnement des sections nationales dans d'autres pays est soumis à la décision de l'Exécutif.

Art. 11. — Les pays (ou les nationalités) qui ont droit à plus de 20 voix au Congrès envoient trois membres au Comité exécutif; ceux qui ont droit à moins de 20 voix et plus de 10 voix, en envoient deux; ceux qui ont moins de 10 voix et plus de 2 en envoient un.

Les pays (ou nationalités) qui disposent de moins de 3 voix au Congrès peuvent se réunir en groupes ayant droit à un représentant à l'Exécutif par 3 voix.

S'il existe dans un pays (ou nationalité) plusieurs partis adhérents à l'I. O. S., le nombre de leurs mandats à l'Exécutif est déterminé d'après le total de leurs voix au Congrès et répartis entre les partis proportionnellement à leur nombre respectif de voix au Congrès. Dans les pays (ou nationalités) ne disposant que d'un mandat, il est attribué au parti le plus fort.

Art. 12. — L'Exécutif remplit, en dehors des sessions du Congrès, les fonctions qui incombent à celui-ci. L'appel au Congrès est ouvert contre les décisions de l'Exécutif.

Art. 13. — A la demande d'au moins un cinquième des membres de l'Exécutif, les votes se feront dans ce Comité non par tête, mais par voix attribuées à chaque parti dans les Congrès internationaux, conformément à l'article 9.

Art. 14. — Chaque parti a le droit, en cas d'empêchement d'un membre de l'Exécutif choisi par lui, de se faire représenter à ses séances par un suppléant.

Art. 15. — L'entrée d'un membre de l'Exécutif dans un ministère met automatiquement fin à son mandat dans l'Exécutif. Il peut y être réélu immédiatement après sa sortie du gouvernement.

D. — *Le Bureau*

Art. 16. — L'Exécutif choisit dans son sein un bureau de neuf membres pouvant être convoqué rapidement dans les cas urgents et qui se réunit pour la préparation des travaux incombant à l'Exécutif.

Les membres du Bureau doivent, autant que possible, appartenir à des pays différents; toutefois, il y a lieu de prendre en considération qu'il puisse se réunir en séance dans le laps de temps le plus court possible.

Le Bureau doit faire rapport à l'Exécutif et est responsable devant lui.

ART. 17. — La Commission administrative (art. 19) a le droit, au cas où devraient être discutés des problèmes concernant un pays dont la section nationale n'a pas de représentant au Bureau, d'inviter des représentants de ce pays à prendre part aux séances avec voix consultative.

E. — *La Commission administrative et le Secrétariat*

ART. 18. — L'Exécutif désigne la ville où aura son siège le Secrétariat de l'I. O. S. et élit un ou plusieurs secrétaires, ainsi que le trésorier.

ART. 19. — Dans le pays où le Secrétariat a son siège, il est établi par l'Exécutif une Commission administrative dont font partie : le ou les secrétaires de l'I. O. S. et le trésorier, les membres de l'Exécutif qui représentent la section de ce pays et trois membres désignés par l'Exécutif et domiciliés dans ledit pays. Les membres de la Commission administrative qui n'appartiendraient pas à l'Exécutif ou au Bureau peuvent assister aux séances de ces deux organismes avec voix consultative.

ART. 20. — La Commission administrative a mission de contrôler l'action du Secrétariat, de lui assurer les auxiliaires nécessaires, de délibérer provisoirement, dans les cas urgents, sur la situation politique, et de décider la convocation de l'Exécutif ou du Bureau.

ART. 21. — Le Secrétariat est chargé :

a) De préparer les séances de l'Exécutif et du Bureau, ainsi que du Congrès international ;

b) D'assurer les relations entre les partis adhérents et leur information réciproque, en particulier par la publication en trois langues d'un Bulletin de l'I. O. S., paraissant à intervalles non périodiques et donnant principalement les comptes rendus des séances de l'Exécutif et du Bureau, ainsi que des renseignements sur les résolutions importantes et les actions des partis adhérents ;

c) De présenter périodiquement un rapport de trésorerie à l'Exécutif ;

d) De publier le compte rendu des Congrès internationaux ;

e) De constituer des archives du mouvement ouvrier international.

F. — *Organisation financière*

ART. 22. — Pour couvrir les frais nécessaires aux travaux de l'I. O. S., il est perçu de chacun des partis adhérents une cotisation annuelle proportionnelle au chiffre de leurs membres. Cette cotisation doit être, autant que possible, établie en tenant compte de la valeur de la monnaie. Elle est fixée sur la base de 1 centime suisse, valeur d'avant-guerre, par membre multiplié par l'indice résultant de la hausse des salaires depuis la guerre.

ART. 23. — En dehors des cotisations annuelles régulières, les partis adhérents contribuent aux frais du Congrès international, par le versement, pour chaque délégué qu'ils y envoient, d'une somme fixée par l'Exécutif lors de la préparation de chaque Congrès.

G. — *Rapports avec les Internationales syndicale et coopérative.*

ART. 24. — L'I. O. S. voit dans l'unité du mouvement syndical représenté par la Fédération syndicale internationale d'Amsterdam, une condition indispensable pour mener avec succès la lutte de classe.

L'I. O. S. voit dans l'unité du mouvement coopératif représenté par l'Alliance coopérative internationale de Londres, un appui économique d'une importance considérable pour la classe ouvrière dans la lutte pour son émancipation.

En conséquence, l'I. O. S. restera en contact permanent avec la Fédération syndicale internationale d'Amsterdam et l'Alliance coopérative internationale de Londres, et se déclare prête à tenir, à l'occasion, en commun avec ces organisations internationales, des réunions et des Congrès généraux de la classe ouvrière mondiale, en vue de délibérer sur tous les problèmes communs à ces organisations.

L'I. O. S. appelle tous les travailleurs à réaliser l'unité du mouvement socialiste dans chaque pays et dans l'Internationale. Elle est résolue à travailler de toute son énergie, sur la base des décisions et résolutions prises par elle, à la réalisation de cette unité. Elle invite les socialistes de tous les pays à soutenir ses efforts en s'efforçant eux-mêmes de la manière la plus active à constituer un front unique prolétarien contre le capitalisme et l'impérialisme, tant dans leur propre pays qu'au sein de l'organisation de la classe prolétarienne internationale.

Résolution sur la paix impérialiste et la tâche de la classe ouvrière

La guerre de l'impérialisme, menée pour la domination sur les richesses du monde, s'est terminée par leur destruction. Aux épouvantables ravages et dévastations de la guerre a succédé la crise de l'économie mondiale, une crise d'une durée et d'une intensité inouïes. Elle a condamné au chômage des millions de travailleurs, réduit de moitié la production et le commerce mondial et porté à l'extrême la misère des masses.

Les traités de paix ont fait violence aux nécessités économiques et par là ils ont prolongé et aggravé cette crise; ils ont empêché la reconstruction de l'économie détruite; ils ont fait régner sur les pays vaincus l'insécurité et la menace permanente de nouveaux actes de violence; ils ont ainsi ruiné le crédit de ces pays et porté à l'extrême la difficulté pour eux de remettre l'ordre dans leurs finances et dans leur situation monétaire. La misère en masse dans les pays vaincus par la dévalorisation sans cesse croissante de la monnaie, et dans les pays vainqueurs et neutres par le bouleversement du marché mondial, par la perte des débouchés, par le chômage et l'abaissement des salaires; l'arrogance dans le camp des vaincus; un nationalisme ennemi de la paix chez les uns et chez les autres, tels sont les résultats de la phase militariste et impérialiste du capitalisme.

Un protectionnisme effréné, qui prétend protéger la vie économique nationale de chaque pays contre les effets de la ruine, aboutit à balkaniser encore économiquement une Europe déjà politiquement déchirée, et il aggrave ainsi la catastrophe.

Les armements militaires prennent la plus énorme extension. Les armées permanentes sont plus fortes que jamais.

La rivalité des grandes puissances coloniales autour des gisements de pétrole, de charbon et de minerai dans le monde est devenue une lutte perpétuelle, dans laquelle sont sacrifiés des peuples entiers et elle engendre constamment de nouveaux dangers de guerre. Les luttes d'indépendance nationale des peuples opprimés qui se réveillent sont abusivement mises à profit par l'impérialisme pour ses fins de domination et d'exploitation.

Si la force du prolétariat n'arrive pas à l'en empêcher, l'impérialisme des classes capitalistes dominantes menace d'entraîner l'humanité dans des guerres nouvelles qui, menées avec les armes d'une technique de destruction effroyablement perfectionnée chaque jour, ne peuvent aboutir qu'à la fin de toute civilisation humaine.

Ces résultats de la politique impérialiste tracent son devoir à la classe ouvrière. Délivré de l'oppression du tsarisme, fortifié par les conquêtes des révolutions de 1918 qui ont renversé les empires de l'Europe centrale et donné au prolétariat de ces régions les armes de la démocratie républicaine, renforcé par le développement considérable des organisations ouvrières et principalement par la montée puissante du Parti ouvrier britannique, le prolétariat oppose à la politique impérialiste sa politique de paix, de liberté des peuples et de socialisme qui seule pourra assurer définitivement la paix.

Un des devoirs les plus importants de la classe ouvrière de tous les pays est de surveiller la politique extérieure de leurs gouvernements, de s'opposer de toutes ses forces à toutes les mesures qui menacent d'accentuer les oppositions entre les nations et de compromettre la paix, de lutter contre la violation du droit des peuples étrangers à la liberté absolue de disposer d'eux-mêmes et d'exiger, lors de tous conflits internationaux, qu'ils reçoivent une solution pacifique et soient portés devant les tribunaux d'arbitrage impartiaux. Cette lutte que le prolétariat international doit mener contre toute politique impérialiste aura son maximum d'efficacité si la classe ouvrière de chaque pays se tourne avant tout contre la bourgeoisie impérialiste de son propre pays avec tous les moyens parlementaires et extra-parlementaires de lutte des classes qui sont en son pouvoir et dont l'action internationale doit être unifiée de plus en plus.

La classe ouvrière doit tendre à éliminer les causes des conflits internationaux les plus dangereux en combattant les violences faites aux minorités nationales et religieuses, en réclamant que satisfaction leur soit donnée par des institutions d'autonomie démocratique; en résistant à l'expansion des empires coloniaux, à l'exploitation des peuples des colonies, à la destruction violente de leur forme de vie économique, et en revendiquant pour eux le droit de se gouverner eux-mêmes, ou, là où les conditions ne le permettent pas, en préparant méthodiquement une évolution rapide vers un régime d'autonomie; en intervenant contre le protectionisme pour le rétablissement de la liberté des échanges de marchandises et la libre circulation des individus.

Mais une paix durable ne peut être assurée par la classe ouvrière que si elle impose le désarmement universel sur terre, sur mer et dans les airs. Désarmer exclusivement les peuples vaincus, c'est renforcer les dangers de domination impérialiste par la force; le désarmement universel supprime ces dangers. La classe ouvrière doit exercer, dans chaque pays, une pression sur son gouvernement pour obliger celui-ci à proposer aux autres nations le désarmement général.

La classe ouvrière doit repousser toutes les alliances militaristes susceptibles d'élargir les conflits locaux en une collision générale, tous les traités secrets engageant la vie et le sang des peuples pour des buts qui leur sont inconnus.

La Société des Nations menace de tomber complètement dans l'insignifiance ou de dégénérer en un instrument de réaction et d'impérialisme. C'est le devoir de la classe ouvrière de combattre cette fatale évolution et d'employer tout son pouvoir dans chaque pays pour que la Société des Nations, par l'admission de toutes les nations, par la démocratisation de son organisation et par une influence déterminante de la classe ouvrière de chaque pays sur l'action des délégués de ce pays à la Société des Nations, devienne un instrument efficace pour sauvegarder la paix et le droit des peuples et reviser les traités internationaux existants.

L'Internationale ouvrière socialiste qui vient de renaître, en concentrant à nouveau les forces des partis ouvriers de tous les pays, s'assigne comme devoir suprême de lutter contre le capitalisme fauteur de guerre. Elle se place sur le terrain du Congrès mondial de la paix (1922), sur les devoirs de la classe ouvrière, elle reconnaît la nécessité que l'attitude des partis socialistes doit être indiquée clairement. L'étude de cette question constitue une des tâches de l'Internationale. Elle invite les masses ouvrières de tous les pays à mettre un terme aux scissions funestes et à rassembler la totalité de leurs forces pour la lutte concertée et méthodique contre l'impérialisme.

Dans cette lutte, il importe en tout premier lieu que les partis de tous les pays refusent tout appui à une guerre impérialiste et que leurs représentants parlementaires refusent de voter des crédits militaires ayant un caractère impérialiste.

II

Le Congrès, affirmant le droit des pays dévastés aux réparations et renouvelant la protestation unanime des partis socialistes contre l'occupation militaire de la Ruhr,

Déclare :

La restauration des régions dévastées demeure l'une des conditions essentielles de la pacification morale et matérielle de l'Europe, et il reste hors de contestation que la charge doit en être supportée par l'Allemagne, étant donné que l'obligation de réparer constitue pour elle un devoir moral, spontanément proclamé d'ailleurs à Amsterdam (avril 1921) et à Francfort (février 1922) par les organisations syndicales et socialistes allemandes qui se sont engagées à y participer de toute leur énergie et par tous les moyens.

Mais l'exécution effective des réparations est, en premier lieu, limitée par les possibilités économiques. La Conférence de Francfort avait déjà constaté que toutes les prévisions formées à cet égard par les auteurs des traités de Versailles — notamment en ce qui concerne le développement et la puissance d'exportation de l'Allemagne et la fixité de son change — avaient été infirmées par les événements. Or, cette situation n'a fait depuis lors que s'aggraver de jour en jour, pour aboutir à l'état vraiment catastrophique de l'heure présente.

D'autre part, l'œuvre de réparation n'est pratiquement réalisable que si un arrangement complet et sincère intervient entre l'Allemagne et ses créanciers; que si, en retour, la renonciation définitive aux mesures de violence et aux occupations de territoire permet le rétablissement des rapports normaux et confiants entre toutes les nations, et procure au monde la certitude d'une longue période de calme et de paix.

Enfin, l'obligation de réparer incombant à l'Allemagne doit être nécessairement bornée aux dommages matériels proprement dits, à l'exclusion des pensions militaires.

Le devoir de l'Internationale est donc tout à la fois, par l'intermédiaire des partis directement intéressés :

D'exercer une pression énergique sur les gouvernements alliés et plus spécialement sur les gouvernements français et belge afin que les solutions de raison fondées sur l'entente et la coopération internationales se substituent enfin aux illusions chimériques dont ni la contrainte ni la violence ne parviennent à imposer l'impossible réalisation;

D'agir avec la même force sur la classe capitaliste et sur le gouvernement allemand qui, l'une par sa résistance égoïste, l'autre par sa faiblesse, ont fait obstacle, dans une grande mesure jusqu'à présent, à la restauration financière et monétaire de l'Allemagne — dont dépend essentiellement toute politique de réparations, dont dépend aussi, pour la classe ouvrière de l'Allemagne, la possibilité d'une vie plus sûre et d'une rémunération moins inique de son travail.

Les solutions positives du problème doivent s'inspirer du plan de Francfort, que le Congrès déclare s'approprier dans toutes ses parties, et qu'il est aisé d'adapter sans en modifier les principes aux nécessités et aux possibilités immédiates.

C'est pourquoi le Congrès demande :

1° La fixation définitive de la somme restant due par l'Allemagne à un chiffre représentant en valeur actuelle le montant effectif des réparations matérielles;

2° La détermination d'un système de paiements qui, au moyen d'opérations internationales de crédit, permette le plus promptement possible de dégager l'Allemagne de sa dette, tout en mettant dès à présent à la disposition des puissances créancières les sommes nécessaires aux réparations;

3° La conclusion, entre les gouvernements alliés, de conventions permettant d'affecter aux réparations proprement dites la totalité des versements ci-dessus déterminés, ce qui implique, de la part des puissances alliées et des Etats-Unis d'Amérique :

a) La renonciation à leurs créances sur l'Allemagne du chef des pensions militaires ;

b) L'annulation générale de leurs créances et dettes réciproques.

Les propositions récentes du gouvernement allemand et les réponses que lui ont adressées la France et la Belgique d'une part, l'Angleterre et l'Italie de l'autre, doivent fournir l'occasion prochaine d'ouvrir les négociations qui conduiront à un accord. Et le Congrès dénonce d'avance à l'opinion ouvrière tout gouvernement dont l'obstination coupable empêcherait de saisir cette occasion.

Mais, tandis que le monde entier attend que la question des réparations reçoive enfin une solution, cette question a provoqué au cœur de l'Europe industrielle une crise d'une gravité extraordinaire qui pèse sur la vie économique du monde entier, et menace les principes mêmes de la paix.

Le Congrès s'élève unanimement, avec l'énergie la plus véhémente, contre l'occupation militaire du bassin de la Ruhr.

Il n'est pas vrai que l'opération de la Ruhr puisse assurer les réparations. Bien au contraire, elle affaiblit chaque jour la capacité de paiement de l'Allemagne. Les réparations et les opérations de crédit qu'elles supposent ne pourront être effectuées et acquittées que par le travail et la confiance, c'est-à-dire dans la concorde et dans la paix.

Il n'est pas vrai que l'opération de la Ruhr puisse assurer la sécurité de la Belgique et de la France. Bien au contraire, comme toutes les occupations militaires, elle ranime l'esprit de haine et risque de créer des conflits nouveaux. Elle prolonge l'antagonisme entre les nations, dont la collaboration est la condition essentielle au rétablissement de l'Europe. Du fait même qu'elle blesse ou alarme le sentiment national, elle fortifie les partis qui, en Allemagne comme ailleurs, l'exploitent professionnellement au profit de la réaction militariste et monarchiste. Elle met en péril la République allemande dont la chute entraînerait infailliblement l'Europe dans de nouvelles convulsions et, sans doute, dans une nouvelle guerre.

Le Congrès affirme que l'occupation militaire de la Ruhr viole le droit suprême des peuples, qui est le droit de vivre et de travailler en paix à l'abri de toute contrainte étrangère. Aucun traité ne peut consacrer au profit du vainqueur cet abus illimité de la force. Il s'élève contre toute mesure qui aboutirait, de façon ouverte ou détournée, à l'annexion de territoires allemands ou au démembrement de l'unité allemande. Il proteste contre la régression barbare qui permettrait aux États créanciers — au lieu de garanties matérielles fournies par l'État et le capital allemand — de saisir comme un gage vivant quelques millions de travailleurs.

Le Congrès adresse l'expression de sa solidarité fraternelle à ces travailleurs intrépides, qui savent s'opposer à la fois à la pression d'un militarisme étranger et aux excitations de leur propre nationalisme. Il salue leur résistance passive comme une preuve de la valeur indispensable du travail, comme un signe de la puissance de l'organisation ouvrière et par là même comme un présage des victoires futures du prolétariat.

III

Le Congrès confirme les résolutions de la IIe Internationale et de l'Union des Partis socialistes de Vienne relatives à la question géorgienne : il demande que les troupes soviétiques évacuent la Géorgie et que le peuple géorgien soit rétabli dans sa souveraineté.

IV

Le Congrès proteste contre la domination sanglante à laquelle l'Arménie a été soumise par la Turquie et par la Russie et revendique pour la nation arménienne le droit de disposer librement d'elle-même.

V

Le Congrès attire l'attention des masses ouvrières sur le fait que ce n'est pas seulement en Occident, mais aussi en Orient, que le droit de libre disposition des peuples est foulé aux pieds.

Dans l'étendue occupée par les peuples détachés de la Russie ou de l'Allemagne, de la Baltique à la mer Noire, dans la péninsule des Balkans et dans l'Europe centrale, les frontières de plusieurs nouveaux Etats n'ont pas été tracées d'après le droit de libre disposition des peuples, mais imposées par la violence. Le Congrès fait un devoir aux partis ouvriers socialistes d'agir pour que ce droit soit assuré à tous les peuples. L'Exécutif de l'Internationale ouvrière socialiste a mandat de préparer, par des conférences particulières entre les partis socialistes intéressés, une politique uniforme de la classe ouvrière en vue de la solution pacifique de ces questions nationales.

Résolution sur la lutte contre la réaction internationale

Résolution concernant le point 2 de l'ordre du jour

La guerre a laissé derrière elle dans le monde entier, et comme une de ses conséquences les plus désastreuses, la tendance à régler par la violence les problèmes politiques et économiques. La bourgeoisie, se sentant menacée par la puissance croissante du prolétariat, abandonne les méthodes démocratiques et fait usage de la violence pour faire pencher la balance à son avantage. La classe ouvrière a le devoir de défendre la démocratie contre la violence bourgeoise.

Le Congrès proclame le droit d'asile pour les réfugiés politiques ; il demande que ceux qui ont souffert pour l'idéal socialiste soient libérés de leurs prisons ; il appelle le mouvement ouvrier tout entier à la lutte concertée et décisive contre la réaction internationale.

I

Le Congrès croit qu'en dernière analyse l'émancipation politique et économique des travailleurs de chaque pays sera le résultat des efforts des travailleurs eux-mêmes. Il est formellement opposé à tout dessein d'intervention armée, de blocus ou de boycottage, plus particulièrement lorsque ces mesures concernent des pays qui ont encouru le mécontentement des classes dirigeantes.

Le Congrès condamne l'usage persistant du terrorisme gouvernemental en Russie, ainsi que la suppression des libertés essentielles de la démocratie, comme un danger non seulement pour les travailleurs russes, mais aussi pour les intérêts vitaux du prolétariat international.

En même temps le Congrès invite la classe ouvrière à s'opposer à toute forme d'intervention armée de la part des gouvernements capitalistes contre la Russie. Sous leur direction, une intervention détruirait non seulement ce qui est néfaste dans la phase actuelle de la révolution, mais la révolution elle-même. Loin d'établir une véritable démocratie, l'intervention restaurerait un gouvernement de contre-révolution sanglante qui deviendrait pour l'impérialisme occidental un instrument d'exploitation du peuple russe..

Le Congrès invite tous les partis ouvriers et socialistes, et particulièrement ceux des pays alliés et des Etats limitrophes de la Russie, non seulement à s'opposer à l'intervention, mais à agir en faveur de la reconnaissance complète *de jure* du gouvernement russe et de la reprise immédiate des relations commerciales et diplomatiques.

II

Le Congrès fait appel aux partis ouvriers socialistes de tous les pays pour qu'ils veillent attentivement sur la politique extérieure de classes dirigeantes, afin que celles-ci ne favorisent pas la réaction hors de leurs frontières. Les actes répétés de violence de la part des Alliés contre l'Allemagne poussent d'importantes fractions du peuple allemand vers un nationalisme qui troublerait la paix européenne, mépriserait les obligations que la masse du peuple allemand a reconnues, et encouragerait une réaction générale dans toute l'Europe centrale.

La République allemande est ainsi mise en péril, le militarisme encouragé, et la classe ouvrière d'Allemagne mise en face d'un danger de répression violente.

Le Congrès invite la classe ouvrière allemande à organiser la résistance la plus acharnée à la contre-révolution et au sabotage auquel se livrent les capitalistes allemands se refusant aux sacrifices qui leur incombent pour satisfaire aux obligations de l'Allemagne.

Le Congrès invite les partis ouvriers socialistes des pays alliés à donner leur appui loyal aux camarades allemands, en résistant dans leurs pays respectifs à toute politique qui soumettrait les travailleurs libres au despotisme militaire qui porterait atteinte à la souveraineté de la République allemande, à l'intégrité de son territoire, aux intérêts économiques vitaux de ses habitants ou à sa légitime dignité.

III

Le Congrès invite les partis socialistes et ouvriers à travailler au désarmement moral des haines entre nations. Ce devoir est particulièrement impérieux dans les pays où des minorités nationales se voient dénier leur complète liberté politique et leur autonomie culturelle. Le mécontentement de ces minorités est utilisé par les partis de réaction pour leurs propres fins; il augmente le risque de guerre et de réaction.

Dans certains pays, le fascisme a pris la forme particulière de l'antisémitisme et est devenu un péril que toute la classe ouvrière doit combattre.

Le Congrès invite les partis socialistes et ouvriers de tous les pays où existent de semblables minorités, et spécialement ceux des nouveaux Etats de l'Europe, créés par les traités de paix, à user de leur influence en vue de réaliser le principe de l'autonomie démocratique et de la libre culture pour les minorités. C'est seulement par ces principes que les minorités nationales pourront être réconciliées avec les Etats auxquels elles sont incorporées.

IV

Le Congrès attire l'attention de la classe ouvrière sur les efforts des gouvernements capitalistes en vue de créer une forme hypocrite d'intervention par l'expédient du contrôle financier ou par d'autres moyens économiques. C'est ainsi qu'en Autriche le contrôle financier favorise la réaction capitaliste et monarchiste, et affaiblit la puissance de la classe ouvrière. La pression économique des puissances capitalistes se fait sentir à la fois dans la politique intérieure et dans la politique extérieure des Etats nouvellement créés.

C'est pourquoi le Congrès invite les partis ouvriers socialistes à combattre avec la dernière énergie ces formes caractéristiques de la réaction internationale.

V

Le Congrès est convaincu que l'Internationale peut, en éclairant l'opinion publique universelle, agir puissamment pour la défense des camarades des pays où règne la violence de la réaction.

La terreur blanche en Hongrie et la dictature fasciste en Italie n'ont pas seulement détruit la démocratie et persécuté les prolétaires organisés de ces pays : elles ont aussi donné un exemple qui menace d'empoisonner la vie politique des autres pays. Le Congrès invite les partis ouvriers socialistes à faire le plus grand usage de la documentation que le Comité exécutif leur fournira, afin de porter les excès du fascisme au jugement de la conscience du monde civilisé.

L'Internationale ouvrière socialiste est le défenseur naturel des peuples opprimés ; mais, tant que la Hongrie n'aura pas restauré la démocratie et la liberté de la classe ouvrière, elle refusera à ce pays réactionnaire tout appui et exercera une pression sur les gouvernements alliés, pour que ceux-ci, au point de vue du désarmement, ne soient pas plus indulgents envers la Hongrie contre-révolutionnaire qu'ils ne le sont envers l'Allemagne, l'Autriche ou la Bulgarie démocratiques.

Le Congrès fait appel aux masses prolétariennes pour qu'elles unissent leurs forces contre la réaction mondiale, qu'elles repoussent l'offensive de la violence capitaliste, qu'elles restaurent la démocratie dans le monde entier, créant ainsi un régime qui permettra le triomphe de l'idéal socialiste.

Résolution sur la Russie

Le Congrès considère plus que jamais comme un devoir pour les travailleurs de tous les pays d'employer toute leur énergie à lutter contre les efforts des puissances impérialistes pour intervenir dans les affaires intérieures de la Russie ou déchaîner en Russie une nouvelle guerre civile, et déclare, au nom des millions de prolétaires socialistes groupés derrière lui et dans l'intérêt, tant de la classe ouvrière russe que de l'ensemble de la classe ouvrière internationale, opposer à l'intervention violente de l'impérialisme, l'influence morale du prolétariat international. Afin de faire de la Russie un appui de la révolution et de ne point la laisser devenir un foyer de la réaction mondiale, le Congrès appuie les revendications suivantes des socialistes russes en rappelant au gouvernement des Soviets son origine prolétarienne :

1° Cessation immédiate, dans la Russie et dans la Géorgie occupée par les troupes russes, des persécutions contre des socialistes et des ouvriers et paysans hétérodoxes ; mise en liberté immédiate de toutes personnes condamnées, emprisonnées ou exilées pour propagande de leurs convictions politiques.

2° Renonciation complète au système de dictature terroriste d'un parti et passage au régime de liberté politique et de gouvernement démocratique de la nation par elle-même.

Le Congrès exprime ses plus ardentes sympathies à tous les socialistes victimes de la terreur bolcheviste en Russie et en Géorgie, et déclare qu'il est du devoir de tous les partis ouvriers socialistes d'apporter aux socialistes russes qui agissent dans le sens de la présente résolution tout leur appui moral et matériel.

Résolution sur l'action des partis ouvriers socialistes pour la journée de huit heures

Le Congrès déclare sa complète adhésion à l'action de la Fédération syndicale internationale sur le terrain de la politique sociale et considère que cette action est essentielle pour l'amélioration des conditions d'existence et la protection des travailleurs de tous les pays. Il engage les partis adhérents à employer toutes leurs forces politiques et syndicales en vue de la réalisation de ces efforts, en particulier ceux ayant trait au maintien de la journée de huit heures.

Le Congrès condamne sévèrement l'attitude des pays qui, ayant conclu des engagements dans ce sens, ont néanmoins négligé de les réaliser dans leur législation et demande aux partis adhérents de mettre tout en œuvre pour obtenir de leurs gouvernements respectifs la ratification de toutes les conventions élaborées par les conférences internationales du travail. Ces conventions sont considérées par le Congrès comme le minimum des revendications ouvrières en matière de législation sociale.

Le Congrès engage, d'autre part, les ouvriers à lutter contre les atteintes portées à l'activité du Bureau international du travail par les intérêts capitalistes divers, qui sont toujours opposés à l'amélioration des conditions sociales de la classe ouvrière.

Le Congrès déclare sa ferme volonté de maintenir les conquêtes sociales, résultat des énormes sacrifices de la classe ouvrière pendant et après la guerre.

Rapport du Groupe Socialiste au Parlement

présenté par Léon BLUM

À la fin de cette dernière année de législature, le groupe soumet avec confiance au jugement du Parti le tableau de son action parlementaire, dressé par Hubert Rouger avec une entière exactitude. Il n'appelle pas d'autres commentaires que les années précédentes. Depuis novembre 1919, après comme avant la scission de Tours, le groupe a conscience d'avoir fidèlement rempli la mission que lui assignent les règles constitutives du Parti.

L'unité de vote a été observée avec une exactitude presque absolue. On verra, dans le rapport d'Hubert Rouger, combien rares ont été les exceptions, et je puis ajouter qu'elles ont été presque aussi insignifiantes que rares, car les occasions où elles se sont produites ne touchaient pas en réalité à l'action propre du groupe socialiste; dans aucun débat important le groupe ne s'est divisé. Il est particulièrement intéressant de remarquer que dans celui de ces débats qui aurait pu le plus aisément provoquer des contrariétés d'opinion, c'est-à-dire dans le débat électoral, ces divergences d'opinions ne se sont manifestées que dans les délibérations intérieures du groupe, et que rien n'en est plus apparu dans son attitude publique.

Ce même débat électoral peut servir d'exemple du soin qu'a mis le groupe à demeurer toujours en contact intime avec les autres organismes centraux du Parti et à coordonner son action avec la leur. Dans cette question qui, cependant, semblait ressortir avant tout à sa compétence, il s'est refusé de prendre seul des initiatives qui pouvaient engager la politique générale du Parti. Les Congrès nationaux lui avaient clairement indiqué la position qu'il devait prendre vis-à-vis de la Représentation Proportionnelle.

Mais le groupe a désiré que le Parti lui-même décidât quelle conduite il devait tenir si les règles de proportionnalité ne pouvaient être entièrement introduites dans le régime électoral. C'est donc le groupe qui, après avoir déjà saisi la Commission des résolutions du Congrès de Lille — ne voulant pas, pour des raisons faciles à concevoir, soulever dès cette époque un débat public — a provoqué la convocation du Conseil national de novembre. Et il s'est scrupuleusement conformé, dans son action ultérieure, au mandat précis que le Conseil national lui avait fixé.

Dans une occasion cependant — et dans une occasion d'une gravité particulière — le groupe parlementaire a été contraint de prendre seul une responsabilité qui, par la force des choses, devait devenir celle du Parti tout entier. Bien que la menace en fût suspendue depuis de longs mois, l'occupation de la Ruhr a été décidée et exécutée avec une rapidité telle qu'il ne pouvait être question d'attendre la convocation d'une assemblée du Parti pour fixer la position du groupe. Nous avons dû décider nous-mêmes, et sans délai. Nous l'avons fait sans hésitation aucune, puisque l'attitude d'opposition énergique et irréductible à laquelle nous nous sommes aussitôt résolus était en réalité la conclusion logique d'une longue série de résolutions nationales et d'accords internationaux. Le Congrès de Lille nous a, dès la première heure, couvert de son approbation. Et nous ne doutons pas que le Congrès de Marseille ratifie à son tour une campagne infatigable où s'est incarnée, pour le pays comme pour la Chambre, l'opposition à la politique poincariste, et que les faits n'ont cessé de justifier.

Pour l'étude de toutes les questions concernant plus spécialement la vie ouvrière, nous nous sommes attachés à provoquer l'entente et la collaboration du groupe avec les représentants qualifiés des organisations corporatives intéressées. Pour ne pas citer d'autre exemple, dans les débats qui ont occupé le plus récemment l'opinion, nous avons entretenu une liaison constante et intime avec les groupements syndicaux de fonctionnaires publics, comme nous avions été en contact permanent avec les organisations ouvrières, dont nous avons défendu les revendications.

Le groupe est entré de même en rapports étroits, en vue de débats prochains, avec les fédérations d'anciens combattants et de mutilés. Enfin, pour toutes les questions qui intéressent les rapports internationaux, nous avons, soit directement, soit depuis le Congrès de Hambourg, par l'intermédiaire des partis et du Bureau international, essayé d'ajuster exactement notre action à celle des autres fractions parlementaires socialistes. Au cours de l'année qui vient de s'écouler, de notables progrès ont été réalisés à cet égard, et nous avons pu constater, de la part de tous nos camarades de l'Internationale une bonne volonté égale à la nôtre. Nous ne doutons pas que le Congrès n'attache un prix particulier à cette entente que l'Internationale, enfin reconstituée, s'appliquera sans doute à rendre plus efficace. Durant la législature qui vient de s'écouler, le groupe a conscience d'avoir été, au sens plein des termes, le groupe du Parti. Il désire devenir, de plus en plus, le groupe français de l'Internationale ouvrière.

Léon BLUM.

Travaux, Réunions et Interventions du Groupe

résumés par HUBERT ROUGER
Secrétaire administratif

Le groupe socialiste au Parlement qui comprenait l'an dernier 52 membres, a enregistré la démission de Georges Barthelemy. Il compte à l'heure présente 49 députés et 2 sénateurs. Total 51.

Le relevé des réunions accomplies en dehors des limites territoriales de leurs Fédérations et par délégation de la C. A. P. arrêté le 1er décembre, se présente ainsi :

		Réunions	Total
1 élu	*Goude*	25	25
2 —	*Léon Blum* et *Vincent Auriol*	21	42
2 —	*Compère-Morel* et *Georges Richard*	18	36
1 —	*Jean Locquin*	17	17
1 —	*Maës*	16	16
2 —	*Bernard César* et *Bracke*	13	26
2 —	*Moutet* et *Masson*	12	24
1 —	*Lobet*	11	11
2 —	*Aubry* et *Chaussy*	10	20
2 —	*Paul-Boncour* et *Parvy*	9	18
4 —	*J. Félix, J. Uhry, S. Valière* et *Lebas* ...	8	32
3 —	*Couteaux, Inghels* et *Mouret*	7	21
4 —	*Evrard, Mistral, Plet* et *Saint-Venant*	6	24
3 —	*Chauly, Claussat* et *Ringuier*	5	15
4 —	*Cadot, Lefebvre, Varenne* et *Bouveri*	4	16
4 —	*Escoffier, Ferrand, F. Morin* et *Piton*	3	12
4 —	*Barthe, Bouisson, Pressemane* et *Rognon* ..	2	8
4 —	*Canavelli, Groussier, Laudier* et *Fourment*.	1	4

C'est donc un total de 367 réunions (1) auxquelles ont participé 46 élus.

---

(1) Si le total ne correspond pas avec le total du tableau de la propagande établi par la C. A. P., cela est dû : 1o les conférences faites à l'étranger sont portées à l'actif des membres du Groupe ; 2o plusieurs élus parlèrent parfois dans la même réunion.

Il convient de noter que certains élus, par suite de maladie, ont dû au cours de 1923 interrompre leur propagande. Voici du reste le nombre des réunions données depuis Tours par chacun d'eux :

Compère-Morel	81	Maës	20
Léon Blum	60	J. Uhry	20
V. Auriol	51	Pressemane	18
Georges Richard	48	Piton	18
Goude	42	Varenne	18
Masson	42	Inghels	17
Mouret	42	M. Moutet	16
Lobet	41	F. Lefebvre	15
Bracke	40	Ferrand	12
Paul Boncour	39	L. Ringuier	12
Aubry	37	Cadot	11
J. Félix	36	F. Morin	11
J. Parvy	35	Bouveri	10
J. Locquin	31	Barthe	9
A. Chaussy	30	Escoffier	9
Chauly	30	Rognon	9
Saint-Venant	28	Fourment	7
L. Plet	26	Canavelli	6
Mistral	25	Claussat	6
Lebas	23	Goniaux	5
Bernard César	23	Bouisson	4
Valière	22	Buisset	3
Couteaux	21	Groussier	2
Evrard	20	Laudier	2

C'est un total de 1.133 réunions sans compter celles données par eux dans les limites territoriales de leurs Fédérations.

L'Unité du vote

Du 9 janvier au 12 juillet, et du 13 novembre au 20 décembre 1923, la Chambre a procédé à 235 scrutins.

D'après l'*Officiel*, dans une dizaine de scrutins seulement il y a des divergences de vote.

Trois de ces scrutins concernent des renvois de séance, 5 les votes sur les articles et l'ensemble du projet de modification de l'heure légale. Dans ces derniers, n° 805 et 806 du 9 mai, 809-810-811 du 15 mai, 45, membres du groupe votèrent pour l'avancement de l'heure, 4 contre.

Deux autres votes sur les bouilleurs de cru, 728 du 9 février et 742 du 28 février. Dans le premier, 31 membres votèrent l'ajournement de la discussion, 15 contre, 2 abstentions, 1 en congé. Dans le second (vote sur le projet), 26 s'abstinrent, les autres pour. Enfin dans le scrutin 749 du 15 février (avances à la Pologne), 46 élus votèrent contre, 3 s'abstinrent.

En 1921 il n'y avait de réelle divergence que sur deux questions, en 1922, sur deux, en 1923 sur trois. Et cela sur un ensemble de 1.100 scrutins.

La Politique extérieure

Dès la rentrée de janvier, M. Poincaré, dans une déclaration faite le jeudi 11 à la Chambre, annonçait « un déplacement de soldats pour appuyer l'action de nos ingénieurs auprès des industriels de la Ruhr ». Le groupe socialiste fit entendre sa protestation contre l'occupation militaire par une courageuse intervention de Léon Blum, démontrant les résultats illusoires de l'opération et dénonçant la pensée politique du Bloc national désireux d'aboutir à l'annexion déguisée. La protestation socialiste élevée au nom des intérêts moraux et matériels de la France inséparables de ceux de l'Europe et de l'Humanité se heurta à la violente hostilité de la majorité. Par 452 voix contre 72 (parmi ces derniers tous les élus socialistes) la Chambre accorda le blanc-seing à M. Poincaré.

Étouffée par le renvoi au 2 février, l'interpellation socialiste gênait le gouvernement qui fit la veille de l'échéance modifier par la Chambre l'ordre du jour; cela n'empêcha point le groupe de marquer un point, les événements — ainsi que le démontra *Léon Blum* à la tribune — ayant déjà confirmé les prévisions socialistes : arrêt des livraisons en nature et réveil du sentiment national allemand au profit de la réaction pangermaniste.

Les socialistes se trouvèrent presque seuls. 488 voix contre 68 votèrent le renvoi *sine die*.

La Chambre ne pouvant s'en aller en vacances sans

voter les douzièmes, *Bracke*, le 23 mars, en défendant une motion d'ajournement signifia à la majorité et à son gouvernement qu'ils n'échapperaient point à un débat que les socialistes étaient résolus à obtenir soit sur les crédits d'occupation, soit sur les douzièmes.

Le jeudi 29 mars, gouvernement et majorité décidaient brusquement une séance de nuit; le groupe socialiste fut à son poste de combat. *Lebas* précisa la position socialiste et l'opposition du groupe à la politique gouvernementale dont les premières conséquences (arrêt des hauts-fourneaux, hausse de prix des matériaux, renchérissement de la vie) apparaissaient déjà comme désastreuses; *Moutet* protesta vivement contre la défaillance de la majorité se refusant au large débat promis, puis *Léon Blum* s'efforça d'obtenir de M. Poincaré des précisions qui ne furent pas fournies, et au nouvel argument de la politique de sécurité substitué à celui de la politique des gages productifs. *Blum* démontra que les socialistes ont plus que personne le souci de la sécurité de la France et démontra que la solution du problème des réparations dépendait : 1° de la priorité à la France et à la Belgique; 2° de la compensation des dettes et non d'une occupation paralysant la vie économique, préparant l'effondrement de l'Allemagne, la ruine de tous. Les crédits furent votés par 481 voix contre 62 et la Chambre se renvoya au 8 mai.

A la rentrée de Pâques, *Compère-Morel* réclama au président du Conseil des informations qui lui furent refusées. *Blum* et *Moutet* insistèrent vainement pour la discussion des interpellations sur la politique extérieure, la Chambre renvoya *sine die*, le président du Conseil s'étant opposé à toute discussion.

L'obligation pour la Chambre de voter des crédits fut à nouveau l'occasion pour le groupe de renouveler ses critiques et sa protestation contre l'occupation de la Ruhr.

Le 24 mai, *Vincent-Auriol* exposa à la tribune le projet socialiste adopté par la conférence anglo-franco-belgo-italo-allemande : commercialisation de la dette par des opérations de crédit international, limitation de la dette allemande aux réparations des régions dévastées, priorité aux réparations, renoncer aux pensions, annulation des dettes interalliées, reconstitution économique de l'Europe.

Après *Auriol*, ce fut *Lebas* complétant l'exposé en montrant les répercussions de la politique militaire sur la cherté de la vie, les milliards payés par l'Allemagne étant engloutis par les dépenses d'occupation.

Les crédits furent votés par 481 voix contre 73, dont 50 socialistes.

La lettre du Pape blâmant l'occupation de la Ruhr et préconisant la collaboration entre les peuples provoqua des interpellations à la Chambre. Cela permit à *Léon Blum* de comparer le langage du souverain Pontife avec celui des socialistes, « les organisations internationales pouvant seules juger sainement la situation », la tradition républicaine et révolutionnaire comme celle du psalmiste conseillant aux hommes la charité sociale, l'extinction des haines, la paix entre les peuples.

Le lendemain 7 juillet, sur les accords de Washington, *Bracke* déclara que le groupe socialiste ne ratifierait pas ce pacte de prétendu désarmement qui n'est pas fait pour hâter l'heure de paix. Par 411 voix contre 96, les accords furent ratifiés.

Et la Chambre partit en vacances le 12 juillet pour ne rentrer que quatre mois plus tard, le 13 novembre. Les interpellations sur la politique extérieure furent fixées aux vendredis.

La discussion commença le 16 novembre par une déclaration de M. Poincaré pour se poursuivre les 23 et 30 du même mois, les 7, 14 et 21 décembre.

Le 23 novembre, nouvelle intervention du président du Conseil qui le mit aux prises avec M. Tardieu critiquant le résultat de la conférence des ambassadeurs et reprochant à M. Poincaré d'avoir capitulé devant l'Angleterre. *Léon Blum* tira la moralité du duel Poincaré-Tardieu, indiquant qu'il s'en dégageait que personne ne voulait plus accepter la responsabilité du traité de Versailles que les socialistes avaient été seuls à ne pas voter.

Sur ce débat se greffa — à l'instigation du chef du gouvernement — une interpellation sur le résultat de la Conférence des Ambassadeurs dont il demanda la discussion immédiate avec la conclusion d'un ordre du jour de confiance sur ce point précis.

Sur la priorité de cet ordre du jour acceptée par 487 voix contre 70, les socialistes votèrent tous contre.

Sur la première partie approuvant la politique de conciliation interalliée à la Conférence des Ambassadeurs, le groupe socialiste s'abstint. Elle fut votée par 497 voix contre 14.

Sur la deuxième partie exprimant la confiance au gouvernement, adoptée par 483 voix contre 70, les socialistes votèrent contre.

Sur l'ensemble de l'ordre du jour approuvé par 484 voix contre 67, les socialistes votèrent contre également à l'unanimité.

Le 30 novembre, *Jules Uhry* révéla à la Chambre les casiers judiciaires des escrocs, voleurs et proxénètes qui se trouvent à la tête du mouvement séparatiste rhénan.

Le 7 décembre, *Moutet* interpella le gouvernement sur l'attitude du gouvernement dans les différents conflits internationaux qui ont mis en cause les attributions de la Société des Nations et le principe de l'arbitrage. Il évoqua l'acte de violence et l'agression de Corfou et flétrit cet acte inqualifiable, en mettant en parallèle l'action du gouvernement français et celle de l'Angleterre qui en la circonstance avait su, vis-à-vis l'opinion mondiale, apparaître comme la plus sincèrement attachée à la Société des Nations. Il rappela également les incidents des zones franches franco-suisses qui avaient présenté le gouvernement comme peu respectueux du principe de l'arbitrage.

Le 14 décembre, *Léon Blum* fit une analyse pénétrante de la politique extérieure de M. Poincaré et de ses conséquences, et au cours de son exposé démontra que la distinction faite par le président du Conseil entre la richesse apparente (moyens de paiement) de l'Allemagne et sa richesse réelle (moyens de production) était une vivante démonstration de la théorie socialiste. Après avoir rendu hommage au courage des social-démocrates qui n'ont pas voulu lancer leur prolétariat dans une révolution de misère, lesquels ont été traités sans bienveillance par le gouvernement français qui préféra négocier avec les grands magnats du capitalisme, il dénonça l'opération de politique extérieure du Bloc national qui après avoir été élu aux cris de : l'Allemagne paiera ! a imposé l'occu-

6

pation pour se justifier vis-à-vis des électeurs. Il conclut par la définition de l'Internationalisme ouvrier des socialistes qui ont la conviction d'être des conseillers clairvoyants et des serviteurs utiles de la France.

La Politique intérieure

A la suite de l'agression des camelots du roi contre MM. Sangnier, Violette et le citoyen Moutet il y eut interpellation à la Chambre. *Compère-Morel* rappela l'assassinat de Jaurès provoqué par les excitations criminelles des journaux de réaction et indiqua que les socialistes sauraient agir pour faire respecter la liberté. *Varenne* ajouta que les socialistes ne pouvaient avoir aucune confiance pour un gouvernement coupable de pareille complaisance pour les gens du roi et *Blum* fit remonter la responsabilité directe de ces attentats au gouvernement.

L'ordre du jour Herriot repoussé par 343 voix contre 181, les socialistes ayant voté pour, l'ordre du jour du terre-neuve ministériel fut voté en deux parties ; la première contenant l'affirmation républicaine fut votée par 511 voix, la deuxième exprimant la confiance au gouvernement par 339 voix contre 154, les socialistes votèrent contre.

A la séance suivante, 5 juin, affichage des discours de protestation contre les attentats royalistes.

Celui de M. Herriot, par 280 voix contre 213 ; celui de M. Brousse par 460 voix contre 38 ; celui de M. Maunoury par 380 voix contre 47.

Les socialistes votèrent : l'affichage Herriot, l'affichage Brousse et s'abstinrent sur celui du Ministre de l'Intérieur.

Aussitôt interpellé par la droite, M. Poincaré déclara désirer une majorité d'où seraient exclus les partis extrêmes et ceux qui rechercheraient des alliances avec les partis qui veulent la révolution et l'abolition de la propriété individuelle.

Paul-Boncour tira la conclusion politique du discours du président du Conseil excluant ceux des radicaux coupables de pactiser avec l'extrême-gauche et accueillant dans la majorité les républicains acoquinés à M. Léon Daudet.

Par 354 voix contre 161, parmi lesquelles les voix socialistes, la Chambre accorda sa confiance à M. Poincaré.

Dans la séance du 15 décembre, M. Ybarnégaray ayant interpellé le ministre de l'Intérieur sur les manifestations d'agents de police, *Léon Blum* perça à jour la manœuvre de la droite et déclara que le groupe voterait contre la confiance.

Un fait qui révèle l'état d'esprit réactionnaire du gouvernement c'est sa complaisance vis-à-vis des adversaires de l'enseignement laïque. Au cours d'une interpellation, le 13 décembre, *Aubry* soutint l'interpellateur faisant juste grief au gouvernement de sa mansuétude vis-à-vis de maires du Bloc national qui se refusent depuis de longs mois soit à loger l'institutrice, soit à tenir à la disposition des maîtres des locaux pour la classe.

Jean Locquin avait pris en décembre 1922 l'initiative de proposer la création d'une caisse nationale pour des prêts d'honneur aux étudiants sans ressources. Le principe en avait été voté par la Chambre. Locquin défendit le 24 janvier son amendement aux termes duquel « l'attribution de ces prêts ne pourra être consenti en violation de la loi de Séparation ». Un amendement analogue de F. Buisson auquel se rallièrent les socialistes fut adopté.

Jean Felix demanda à interpeller le ministre de l'Instruction publique sur les mesures qu'il avait l'intention de prendre en vue de défendre le corps enseignant public, odieusement diffamé en même temps que l'Etat républicain dans un article de *L'Express du Midi* en date du 18 août

1923. Le gouvernement fit étrangler la discussion sur la date le 27 novembre et les piteuses explications du ministre répondant à Felix furent approuvées par la majorité qui vota par 328 voix contre 205 le renvoi de la discussion.

La Réforme de l'enseignement

Dès la rentrée de mai, *Bracke* et *Blum* demandaient la discussion des interpellations déposées, renvoyées par 303 voix contre 223 ; elles furent discutées à la séance du 18 mai.

Jean Locquin développa ce jour-là son interpellation sur le décret Bérard, et en souligna l'inspiration réactionnaire ainsi que le caractère de classe de l'enseignement.

Le Budget

La Chambre s'était séparée le 31 décembre en votant deux douzièmes, n'ayant pu voter que le Budget des dépenses.

Au cours de janvier elle s'occupa de la loi de finances (séances du 12, 15, 17, 18, 19, 20, 22, 24, 25 et 26 janvier).

Diverses interventions du groupe : *Auriol* qui fit renvoyer l'amendement Isaac exonérant de l'impôt sur le revenu, les réserves de sociétés en nom collectif ; *Barthe* sur l'application de la loi sur les fraudes ; *Barthe* et *Felix* sur les taxes sur les cinémas ; *Betoulle* et *J. Locquin* sur les instituteurs stagiaires admis à titre d'auditeurs dans les Ecoles normales ; *Betoulle, F. Morin* et *Claussat* sur les majorations à accorder aux allocataires d'assistance ; *Léon Blum* sur la nomination d'une Commission chargée de proposer la simplification des rouages administratifs ; *Blum* et *Auriol* en faveur des moyens retraités ; *Barthe* sur le carburant national.

L'ensemble du Budget qui fut envoyé au Sénat avec un déficit de 3 milliards et demi le 26 janvier, fut adopté par 468 voix contre 66. Tous les socialistes votèrent contre (scrutin n° 721).

Retour du Luxembourg, le Budget fut à nouveau examiné par la Chambre les 28, 29, 30 juin.

Série d'interventions : *Goude* critiquant la diminution du personnel chargé du recouvrement des Impôts ; en faveur du personnel de l'Enregistrement ; sur les indemnités à accorder aux veuves d'accidentés du Travail bénéficiant de la pension ; sur les officiers de marine embusqués au Ministère ; contre la réduction du personnel de contrôle de la Marine ; contre les paiements sans état détaillé ; en faveur des anciens prisonniers de guerre ; obtention, relèvement des crédits pour les douaniers ;

Aubry en faveur du personnel des Trésoreries ; relèvement des crédits pour chimistes des laboratoires ; relèvement des indemnités service des Douanes ; réclamant le chiffre de nos pertes en hommes au Maroc ; en faveur du personnel des P. T. T.

Masson sur la nécessité d'améliorer les retraites ouvrières et paysannes ; sur le matériel des ports de pêche ; sur le personnel des ports ; sur la péréquation des traitements des agents des P.T.T. ; sur le personnel auxiliaire des P.T.T. *Masson* fit adopter divers crédits pour les laboratoires de bactériologie, pour les dispensaires et les sanatoria. *Goude, Aubry, Masson,* en faveur du personnel douanier ; *Barthe,* sur les importations de vins mouillés ; sur la diminution des tarifs de transports des vins ; *Aubry* demandant la suppression des fonds à la police secrète. *François Lefebvre* sur la liquidation des services des réfugiés ; sur les indemnités aux fonctionnaires des région libérées ; *Cadot* sur les Indemnités aux fonctionnaires résidant dans les régions libérées.

J. Locquin pour le rétablissement de crédits au personnel de la Bibliothèque nationale ; obtient satisfaction pour le rétablissement de crédits permettant l'avancement du personnel ; *L. Blum* obtient également le rétablissement des crédits pour le matériel des Bibliothèques publiques ; *Bétoulle* pour la suppression de la patente aux voyageurs de commerce ne travaillant pour leur compte.

Le gouvernement, pour masquer le déficit du budget de 1924 et éviter le vote des milliards d'impôts nécessaires à son équilibre, demanda à la Chambre de décider que les ouvertures de crédits du budget 1923 seraient valables pour le budget de l'an prochain.

Alexandre Varenne combattit la proposition gouvernementale et démontra que l'absence de Budget aboutissait à l'absence de Bilan, et à la suppression de tout contrôle des dépenses par la représentation Nationale. En vain démasqua-t-il le mauvais coup, la Chambre avalisa en votant par 391 voix contre 153 la biennalité du Budget. Les socialistes votèrent contre.

Le dimanche matin, 1er juillet, à 6 heures, l'ensemble du Budget était voté par 477 contre 66, parmi lesquels tous les socialistes.

*
* *

Le Budget dit des Dépenses recouvrables qui comprend toutes les dépenses pour assurer les réparations et le payement des pensions, ne comprend aucune recette, la couverture des rentrées allemandes n'existant pas, fut discuté les 3, 4 et 5 juillet.

L. Ringuier, L. Escoffier, J. Uhry, François Lefebvre, Aubry, Canavelli, intervinrent sur : le matériel inutilisé des chemins de fer à voie étroite; sur l'égoïsme des grands capitalistes s'opposant à la réalisation des accords de Wiesbaden; sur les dépenses de l'occupation absorbant les recettes; sur la situation des petits sinistrés sous la coupe des banquiers; sur les lenteurs du service de liquidation des pensions.

*
* *

Sur les cahiers d'ouverture de crédits pour 1924, qui vinrent en discussion les 15 novembre et le 20 du même mois. *J. Lebas* et *R. Evrard* réclamèrent à nouveau le relèvement des crédits pour indemnités aux fonctionnaires résidant dans les localités dévastées; *A. Inghels* signale les conditions regrettables de logements des malheureux dans des baraquements insuffisants abris contre les intempéries; *Lebas* intervint contre la diminution des allocations.

Bracke signala la situation des Alsaciens-Lorrains attendant l'égalité de traitement avec tous les Français et réclama la signature des Décrets mettant fin à cette situation; *Blum* appuya l'intervention de Bracke; *Moutet* obtint la promesse que la main-d'œuvre de l'Afrique du Nord et des

Colonies serait protégée par des mesures de contrôle que le gouvernement s'engagea à prendre.

L'ensemble du cahier de crédits fut voté par 473 contre 65, les socialistes votant tous contre (scrutin 904).

Le 12 décembre, sur une nouvelle demande d'ouverture de crédits *Varenne* demanda des relèvements de crédits en faveur du personnel enseignant laïque, et comme rapporteur des Travaux publics réclama des crédits pour la remise en état des routes nationales.

Les Impôts

Le Groupe, par l'intervention de *Vincent Auriol*, s'éleva contre l'émission des 13 milliards de valeurs à courts termes (15 février), qui constitue un emprunt déguisé.

M. de Lasteyrie avait eu l'idée de proposer un impôt de double décime s'ajoutant à ceux déjà existants. La proposition vint devant la Chambre les 1er, 5, 6 et 8 mars. *Léon Blum, Vincent Auriol, Alexandre Varenne* intervinrent efficacement.

L'amendement *Auriol* rendant obligatoire pour la transmission, l'endossement des titres au porteur, fut pris en considération par 302 voix contre 229, mais devant la mise en demeure du gouvernement, lorsqu'il fallut voter au fond, la Chambre renia son vote par 342 contre 154.

Et elle se tira d'embarras en votant, malgré l'opposition socialiste, une nouvelle émission de Bons du Trésor par 274 contre 152 pour couvrir le déficit du Budget.

⁂

L'application de la taxe du chiffre d'affaires, ayant soulevé les récriminations unanimes des assujettis, le Bloc National essaye de répudier son œuvre impopulaire. Les séances du 27, 28 et 30 novembre, celles des 4, 5, 7, 11, 13, 14 et 15 décembre furent consacrées au rafistolage de cet impôt.

Dès l'ouverture de la discussion générale, le 27 novembre, *Vincent Auriol* rappela qu'en 1920, lors de son institution, les socialistes furent les seuls à combattre la taxe sur le chiffre d'affaires et à ne pas la voter. Ils défendirent un contre-projet d'impôts directs qui fut repoussé par le Bloc National ne voulant pas porter atteinte à la richesse. Le 30 novembre, *Vincent Auriol* rappela encore les enthousiasmes des Baudry d'Asson, Bokanowski, François Marsal, des Chambres de Commerce pour l'impôt qu'ils répudient à la veille des élections et à l'expérience faite. Le contre-projet socialiste de 1920, instituant des impôts progressifs sur la richesse acquise, sur les grosses successions, des mesures efficaces contre l'évasion des capitaux et des fraudes fiscales (endossement des titres au porteur). Sur 22 milliards de revenus, 3 seulement sont déclarés, des nationalisations industrielles, des monopoles capitalistes : pétroles, sucres, etc.

La proposition du Groupe socialiste tendant à la suppression de la taxe sur le chiffre d'affaires fut repoussée par 375 contre 180.

Diverses interventions : *Aubry* (4 décembre), exonération du produit de la pêche, *Masson* (11 décembre), l'exemption pour les syndicats de pêcheurs. L'amendement *Masson-Mouret* exonérant les coopératives d'Inscrits maritimes, soutenu par *Masson*, fut repoussé par 411 voix contre 137. *Mistral* défendit un amendement relatif à la taxe à la production sur les charbons, en vue d'atténuer, d'adoucir les incidences de la taxe. Il demanda l'application aux seules affaires de vente par les exploitants et sur l'importation. Un amendement analogue fut pris en considération par la Chambre. *Aubry*, dans la séance du 17 décembre fit adopter un amendement soutenu par *Locquin*, exonérant de la taxe les parts revenant au marin à titre de salaires. Dans la même séance, un amendement *Barthe* relatif à la taxe sur les alcools fut repoussé par 189 contre 270, et l'amendement *Blum* relatif à la taxe à la production sur les charbons fut retiré en faveur de celui de M. Chautemps qui fut voté par 274 contre 261, grâce aux voix socialistes et communistes.

En mai, interpellant sur le capucin mort en gare d'Amiens porteur de valeurs dissimulées au fisc par de notables capitalistes, *Auriol* précisa les fraudes commises et obligea le Ministre à avouer celle de M. Arago, chef du Bloc National, refusant de faire connaître ses revenus aux agents du fisc.

*
**

Le 18 décembre dans la discussion du projet de loi autorisant la perception des impôts *Vincent Auriol* répond au rapporteur qui a fait l'exposé de l'œuvre de la législature. Il démontre la non concordance des chiffres en ce qui concerne le total de la dette, réfuta les arguments spécieux du Ministre et demanda que la Commission des Finances soit chargée de mettre au point les chiffres exacts et de les faire connaître à la Chambre avant le vote d'autorisation à percevoir.

L'impôt sur les salaires

Sur l'article 6 de la loi de Finances (Modification à la base de la cédule de l'impôt sur les salaires), s'institua un débat où l'influence socialiste se manifesta par un résultat tangible, palpable, réel pour la classe ouvrière.

Les bolchevistes se bornèrent à contester le principe de l'impôt direct, appuyé en cela par les organes du grand patronat entrevoyant la fissure à travers laquelle on abattrait l'impôt sur le revenu.

Les socialistes par l'organe de *Vincent Auriol* (le 15 janvier), firent triompher en partie leur manière de voir.

Les interventions multiples au cours de 1921 et 1922 de *Vincent Auriol, Blum, Lebas, Varenne* à la Commission des Finances avaient fini par provoquer : 1° Le dépôt par le Ministre des Finances d'un projet modifiant les exonérations à la base; 2° La décision de la Chambre d'inscrire ce projet dans la loi de Finance 1923.

Le texte de la Commission des Finances proposait l'abattement de 5.000 francs pour les communes au-dessous de 50.000 habitants, 6.000 francs pour celles de 50 à 100.000 habitants, 7.000 pour Paris, avec une majoration de 1.000 francs par enfant au-dessous de 16 ans.

Vincent Auriol défendit le contre-projet du groupe socialiste :

A. Exonération totale des gains du travail inférieurs à 10.000 francs à Paris, 9.000 francs en Province.

B. Le calcul par moitié pour les gains du travail supérieurs à 10.000 et inférieurs à 15.000 francs.

C. La déduction en sus des 10.000 francs, exonérés de 3.000 francs pour les femmes, 2.000 francs pour les enfants de moins de 21 ans, 1.500 francs par personne à la charge des travailleurs, vieux parents, malades, enfants recueillis, etc.

D. La réduction du taux de 6 % à 4 %, tant que serait perçue la personnelle mobilière communale et départementale.

E. Le fonctionnement des commissions paritaires pour l'assimilation à Paris des communes de province où le coût de la vie est aussi élevé.

F. La cessation des poursuites contre les contribuables dont les gains du travail seraient exemptés sous la législation nouvelle.

A la séance du lendemain 16 janvier, vote sur la prise en considération de l'amendement *Vincent Auriol,* qui fut repoussé par 297 contre 248.

Lebas, Varenne, Uhry, Auriol, livrèrent la bataille par divers amendements, et leurs efforts aboutirent à l'acceptation par la Commission de l'amendement concernant les déductions pour la femme, les enfants et les personnes à la charge.

La Chambre suivit la Commission. C'est donc : 1° Exonération de 6.000 francs pour les petites villes, 6.500 pour les villes importantes et 7.000 fr. à Paris, plus 3.000 fr. pour la femme qui n'a ni revenu ni salaire; 2.000 fr. par enfant de moins de 18 ans ou infirme; 1.500 fr. par personne à la charge; soit les mêmes dispositions que celles de l'impôt global sur le revenu. C'est en réalité l'exonération totale pour l'immense majorité des ouvriers et employés salariés.

Les Scandales capitalistes

Les socialistes furent les premiers à élever leurs protestations contre les scandaleuses spéculations sur les sucres.

Le 2 mars *Barthe* développa son interpellation, il analysa les bénéfices anormaux réalisés par les grands sucriers sur le producteur et sur le consommateur.

La Chambre discuta les 9 et 11 mars et se sépara sans conclure. *Barthe* essaya de faire venir la suite de la discussion sans y réussir. Aussi à la rentrée de novembre déposa-t-il une nouvelle demande d'interpellation qui fut fixée au 5 décembre. Il fit la preuve de manœuvres spéculatrices de quelques grands sucriers réalisant un bénéfice de 528 millions en 3 ans, alors que des milliers de cultivateurs n'ont dans la même période obtenu que 2 millions de bénéfice. Il s'éleva contre la justice défaillante ou désarmée par le Parlement du Bloc national. Il rappela tous les scandales impunis : Mistelles, Rhums, Vins portugais, Viandes frigorifiées, les Carbures, Vilgrain, Grands Moulins de Paris, les scandales bancaires. Il dénonça le triomphe de la ploutocratie, des Trusts et des gros spéculateurs.

Le groupe socialiste déposa l'ordre du jour suivant :

La Chambre, considérant que le sucre, denrée de première nécessité, a atteint dans notre pays des taux prohibitifs ;

Que la spéculation a pu être encouragée par de fausses nouvelles et que son immoralité est accusée par le fait même que le profit du producteur de betteraves ne dépasse pas dans l'état actuel de dépréciation de notre monnaie, quatre fois le profit d'avant guerre, alors que celui des intermédiaires atteint 30 et 50 fois leur bénéfice de 1913,

Invite le Gouvernement :

1° A réprimer la spéculation avec toute la sévérité que réclament l'importance et les conséquences des sacrifices qui ont été infligés aux masses laborieuses de ce pays, sur une denrée de première nécessité ;

2° A la prévenir désormais en moralisant les contrats qui sont ou vont être passés, pour la prochaine campagne, entre les planteurs de betteraves et les fabricants de sucre, et qui doivent porter sur un minimum de sept mois de la campagne et non sur les trois premiers mois ;

3° A s'associer à la Commission de l'agriculture et au groupe de défense des planteurs de betteraves, afin que les contrats passés pour la campagne en cours soient revisés dans le but de réserver aux planteurs de betteraves leur part légitime de profits de fabricants de sucre ;

4° A préconiser et à favoriser, par tous moyens, l'organisation de sucreries coopératives parmi les planteurs de betteraves, de manière à réserver le maximum de profit et d'encouragement aux véritables producteurs, seuls capables d'accroître la quantité de produits offerts aux consommateurs ;

5° A prendre enfin toutes mesures nécessaires pour assurer le ravitaillement du pays en sucre à un prix abordable pour les petites bourses. La restriction de cette denrée indispensable pourrait avoir des conséquences déplorables pour l'activité et la santé de la population,

Et passe à l'ordre du jour.

Il fut repoussé par 366 voix contre 119.

L'ordre du jour de confiance fut voté par 427 voix contre 84. Tous les socialistes votant contre.

Dans la séance de samedi matin 22 décembre, *A. Inghels* profita de la demande d'ouverture de crédits au titre du Budget des dépenses recouvrables pour développer l'interpellation que la Chambre avait refusé de discuter. Il apporta de nouveaux faits à l'actif du consortium rapace et draineur de millions. Il établit une fois de plus les cœfficients scandaleux de 10 à 21 qui servirent au paiement des gros dommages, véritable prodigalité dans le désordre. Appuyé par *Ringuier* et *Aubry*, il mit en mauvaise posture le Gouvernement, et obligea le Ministre des Régions libérées à avouer les faits scandaleux de ce nouveau Panama.

Les crédits furent votés après quelques observations de *Goniaux* et *Escoffier*.

Le Scandale des régions libérées

Nos camarades furent aussi les seuls à souligner les scandaleuses dilapidations dans les régions libérées.

Sur le douzième provisoire de mars *A. Inghels* dénonça une fois de plus la persévérance des erreurs, la persistance des abus et des gaspillages. *Ringuier* révéla les tours des aigrefins qui se sont abattus sur les régions dévastées, *Blum* demanda que l'éponge ne soit point passée sur ces trafics scandaleux du passé.

*
* *

Au cours de la discussion du Budget des Dépenses recouvrables en juillet *Inghels* reprit son réquisitoire sur la façon scandaleuse dont s'opèrent les réparations. Tandis que les petits sinistrés sont réduits à la portion congrue, et ont failli perdre leur droit à la réparation si la loi avait été modifiée telle qu'en était l'intention du gouvernement, les gros magnats de l'industrie ont récupéré des richesses considérables en disproportion avec celles qu'ils avaient perdues du fait de l'invasion. Les milliards ont été gaspillés, on paye jusqu'à 20 fois la valeur réelle. Tout cela avec un contrôle inefficace. Les crédits sont absorbés, engloutis pendant que les malheureux petits sinistrés attendent toujours.

A la rentrée du 13 novembre *A. Inghels* demanda à interpeller à nouveau sur l'inégalité de traitement aux gros et petits sinistrés et sur les scandaleuses pratiques déjà dénoncées; par 414 voix contre 158 la Chambre refusa de fixer la date de discussion.

Contre le militarisme

Le maintien de la classe 21 sous les drapeaux provoque le dépôt, par *Laudier, Rognon, Locquin, Mistral,* d'interpellations que la Chambre refusa de discuter malgré les interventions de *Laudier* (15 mars), *Bracke* (le 16) et *Uhry* (le 23).

*
* *

La loi sur le recrutement, modifiée par le Sénat, revint devant la Chambre le 29 mars, Laudier renouvela l'opposition du groupe aux 18 mois, en résuma les grandes lignes du contre-projet Boncour qui assurait la Défense nationale en cas d'agression; *E. Rognon* demanda la suppression du paragraphe autorisant le Gouvernement à mobiliser en temps de paix pour les besognes de classe; 392 voix contre 108.

refusèrent de priver le Gouvernement d'un moyen de mater les grèves ; *Paul Mistral* opposa une fois de plus le désarmement général à la conception militariste. Par 375 voix contre 143 le projet fut ratifié et devint définitif.

Le 28 juin dans la discussion du Budget retour du Sénat, *Mistral*, sur les crédits de l'aéronautique, souligna les relèvements effectués et rappela que l'Angleterre justifiait un vaste projet d'armements aériens par l'accroissement considérable des armements français. Il demanda au gouvernement si cette course allait continuer et s'il acceptait la suggestion du premier ministre anglais qui s'était déclaré disposé à entrer en pourparlers pour la limitation des armements. Réponse non satisfaisante du Ministre de la Guerre. *Goude* soutint la proposition indicative de diminution de crédits déposée par Mistral au nom du groupe. Elle fut repoussée par 451 voix contre 85.

En février, le 15, le gouvernement demanda l'autorisation de faire une avance de 400 millions à la Pologne pour fournitures d'armements. *Moutet* et *Vincent Auriol* justifièrent le vote contre du groupe, non comme un geste inamical vis-à-vis de la Pologne, mais comme une protestation contre les alliances militaristes.

Le 29 mai c'est une avance de 100 millions à la Roumanie pour le même usage qui est votée par 444 voix contre 110 malgré l'opposition de *Compère-Morel* et *Ringuier* au nom du groupe. Le 12 juillet, le groupe vote contre l'avance de 300 millions au gouvernement serbo-croate-slovène.

Pour la Liberté d'opinion — Pour l'Amnistie

Le 17 janvier, à l'occasion de la ridicule demande en autorisation de poursuite contre Marcel Cachin, le groupe socialiste, par l'organe de *Compère-Morel* qui démontra l'inanité de l'accusation, se dressa contre le coup de force gouvernemental. La levée de l'immunité parlementaire fut votée par 371 voix contre 143.

Le 20 février, un mois après l'arrestation, *Compère-Morel* demanda à la Chambre la mise en liberté de Cachin, aucun des faits reprochés n'ayant reçu justification. Elle fut refusée par 337 voix contre 176.

Le 17 mai, *Moutet*, au nom du groupe, se joignit à l'interpellation communiste et réclama également la libération des emprisonnés du complot. La Chambre renvoya par 370 voix contre 122.

Le 31 mai, au lendemain de l'élection de Marty par dix cantons de la Seine, l'interpellation Cachin fut aussi renvoyée par 317 voix contre 225 malgré l'intervention de *J. Uhry.*

Le 13 novembre, *Léon Blum* appuya vainement la mise à l'ordre du jour de l'amnistie, que la Chambre refusa par 387 voix contre 169.

Les Loyers

Devant les exigences propriétistes le vote d'une nouvelle loi s'est imposé pour mettre un frein aux augmentations illicites de loyers. La Chambre y consacra les séances des 14, 15, 16, 19, 20, 21, 22, 27 mars et limita le droit d'augmentation pour Paris à 75 % de la valeur locative d'avant guerre et remettant à l'appréciation d'une commission paritaire l'examen pour les autres villes. Des poursuites pouvant être exercées contre les vautours trop rapaces, mais elles seront bénignes.

Paul-Boncour, Jean Mouret, J. Uhry, Laudier, Betoulle, Léon Escoffier suivirent la discussion, intervinrent à maintes reprises utilement, mais sans obtenir pour les locataires les satisfactions demandées.

Paul-Boncour définit heureusement la conception des socialistes en la matière. Puisque le capitalisme privé ne trouvant plus le profit ne peut pas résoudre la crise du logement, c'est aux collectivités à assurer le fonctionnement du service social de l'habitation. Il démontra l'insuffisance de la législation proposée qui est en partie inopérante contre la spéculation. Par 334 voix contre 93 le projet fut voté, les socialistes votèrent contre.

Retour du Sénat la proposition Levasseur, qui accorde la préférence du renouvellement du bail au commerçant déjà locataire, fut discutée les 15-17-22-24-25-29-31 mai, 1ᵉʳ-5-7-8 juin, à noter les interventions de *J. Mouret* et *Inghels. Paul-Boncour* suivit la discussion et réclama maintes fois des textes plus précis et plus clairs et une reconnaissance plus complète de la propriété commerciale qui est une atteinte au principe de la propriété financière non productive de travail.

Betoulle et *Paul-Boncour*, au cours de la discussion de la loi qui permet de surseoir aux expulsions de locataires, à l'ordre du jour des 26 et 27 juin, insistèrent pour que les collectivités publiques mettent à la disposition des populations, des habitations et la remise aux communes des immeubles non utilisés, casernes, etc.

Le Sénat ayant porté à 100 % la limite de l'augmentation, la loi revint devant la Chambre les 5-6 décembre.

Les Potasses d'Alsace

Le projet d'amodiation des gisements de potasse d'Alsace vient en discussion les 16 et 21 février. Il ne répond pas totalement à la conception défendue par les socialistes qui avaient demandé l'institution d'un service public des Engrais permettant à la France d'administrer la totalité de ses richesses et à l'agriculture nationale un plus grand développement, mais du moins il met en quelque mesure à l'abri des convoitises du capitalisme privé les mines d'Alsace dont une partie du profit servira à des œuvres collectives d'intérêt national. C'est ce que déclara *J. Uhry* après qu'avec *Chaussy* ils eurent obtenu quelques améliorations de texte. L'ensemble fut voté par 525 voix contre 6. Les communistes s'abstinrent.

*
**

Bouisson, dans la séance du 18 décembre sur le Budget spécial de l'Algérie dénonça les abus des compagnies maritimes (auxquelles l'Etat a loué des bateaux à raison de 5 francs par an) et réclama que le gouvernement impose aux compagnies un tarif homologué par lui afin de faciliter par des frets modérés les transactions entre la métropole et l'Algérie. *Barthe* demanda des facilités pour la production agricole algérienne.

Pour le Prolétariat agricole

Le 27 juin, *Chaussy* protesta contre la lenteur apportée à l'application aux travailleurs agricoles de la loi du 15 décembre 1922 sur les accidents du travail. Par 593 voix contre 88 la Chambre accorda la prorogation de délai sollicitée par le gouvernement.

Pour le Prolétariat des établissements de l'Etat

En novembre, on avait renvoyé la discussion sur le projet de réduction du nombre des établissements militaires de la marine. *Goude* et *Locquin* renouvelèrent en vain leurs efforts contre le projet. Un amendement *Goniaux* réclamant l'assimilation du personnel des établissements de la guerre fut renvoyé à la Commission des Finances.

Pour la Réintégration des cheminots

A la rentrée du 13 novembre, *E. Rognon* demanda la mise à l'ordre du jour de son interpellation depuis longtemps déposée et rappela la proposition de résolution signée de deux cents députés appelant l'attention du gouvernement sur la situation des cheminots révoqués à la suite des grèves de 1920. La Chambre, par 379 voix contre 165 refusa la mise à l'ordre du jour.

Pour les Fonctionnaires

Lors de la discussion de la Loi de Finances, *Blum* et *Auriol* avaient réclamé l'indemnité de cherté de vie aux fonctionnaires.

Le 20 novembre, lors du vote de crédits 1924, *Blum* et *J. Lébas* intervinrent à nouveau en faveur de l'indemnité de cherté de vie et n'acceptèrent la disjonction que dans l'espoir que la Commission des Finances réaliserait une amélioration à proposer à la Chambre.

A la Commission des Finances les représentants du groupe proposèrent de porter l'indemnité à 1.800 francs, mais ne purent, malgré leurs efforts, décider la majorité de la Commission.

La question se posa devant la Chambre les 18, 19, 20, 22 décembre à propos des articles 5-8 du projet de loi autorisant la perception des impôts. *Lebas*, dans la séance du 18 et 19, exposa l'ensemble des revendications des fonctionnaires. La revision des salaires s'impose, tout le monde en convient, la Chambre, par l'article de la Loi de Finances d'avril 1921, a donné mandat formel au gouvernement de procéder à cette révision dans un délai de quatre ans. On n'a encore rien fait. Il démontra l'insuffisance des salaires et proposa en attendant : 1° que l'indemnité de vie chère soit portée à 1.800 francs; 2° la constitution d'une Commission paritaire avec les représentants de l'Etat et du personnel pour procéder au réajustement des salaires.

Le jeudi 20 décembre, après l'intervention d'*Aubry* établissant la légitimité des revendications des fonctionnaires, la Chambre vota par 331 voix contre 200 les articles 5 à 8 relatifs aux indemnités de cherté de vie et de résidence, malgré l'opposition du Gouvernement. *Lebas* demanda l'ajournement de la discussion et un nouveau rapport de la Commission des Finances, ce qui fut accepté.

Mais la Commission des Finances, malgré un nouvel effort des socialistes, obéit aux suggestions du Gouvernement et rapporta un texte à peine modifié à la séance du 22 décembre après-midi : allocation supplémentaire de 50 % de l'indemnité de cherté de vie pour charges de famille, majoration de 33 % de l'indemnité de résidence.

suivant les régions; révision des traitements avant fin 1924.

Goude et *Masson* demandèrent le bénéfice de ces dispositions pour les ouvriers de l'Etat, appuyés par *Aubry* et *Bracke;* l'amendement socialiste fut repoussé par 288 contre 235.

Lebas demanda que la Commission de revision des traitements fut composée en parts égales des représentants de l'Etat et du personnel. Le Ministre des Finances s'y opposant violemment *Lebas* proposa le tiers des représentants élus par le personnel. M. Poincaré accepta un tiers des représentants mais désignés par le Gouvernement et posa la question de confiance. Par 392 voix contre 169, M. Poincaré obtint satisfaction.

Après de nouvelles interventions de *Lebas* et *Aubry*, la disjonction des articles fut repoussée par 339 voix contre 211. Les fonctionnaires n'auront pas les 1.800 francs.

Les Pensions civiles et militaires

Le régime des pensions civiles et militaires est en voie de révision, la Chambre l'étudia les 20-26-29 mars. *Goude* et *Rognon* défendirent au nom du groupe un amendement étendant l'application de la loi aux ouvriers de l'Etat, aux employés et ouvriers des départements et des communes. Cet amendement fut retiré devant l'amendement Bouyssou incorporant le personnel ouvrier (voté par 428 voix contre 30) et le sous-amendement Lamy en faisant bénéficier les employés des départements et communes, également adopté.

La discussion reprit le 17 mai pour se poursuivre les 18 et 31 et les 7-9-12-14-15 juin.

Goude, E. Rognon, Masson, Blum, Canavelli, Laudier, J. Mouret, Lebas portèrent à la tribune les revendications des organisations syndicales et essayèrent de les faire introduire dans la loi.

Les multiples interventions de *Goude*, celles des membres du groupe portèrent : sur le droit d'option pour le personnel ouvrier; sur l'établissement de 2 caisses distinctes, une pour les pensions civiles, une pour les pensions militaires; sur la base de la retraite établie sur la moyenne de traitements, salaires, soldes, émoluments des 2 années d'activité les mieux rétribuées; sur la reconnaissance des droits acquis; sur l'extension du nombre de parlementaires au sein de la commission qui déterminera les grandes lignes du règlement d'administration publique; pour la représentation du personnel et des retraités à cette Commission; pour que le Ministre du Travail collabore avec le Ministre des Finances, en faveur de la péréquation générale des traitements; pour que les veuves et orphelins des fonctionnaires employés ou ouvriers décédés après de longues années de services, aient droit à pension; pour la révision générale des retraites déjà liquidées.

L'incorporation du personnel ouvrier fut votée par la Chambre, la reconnaissance des droits acquis admise, l'établissement de deux caisses repoussé. *Goude* fit adopter un double compte qui permettra d'établir l'actif et le passif de chaque catégorie et la représentation du personnel à la Commission fut admise. L'amendement Masson relatif au choix de la base fut repoussé par 320 voix contre 186 (17 mai), la révision générale repoussée par 295 contre 217.

Interventions diverses

Le 9 mars le groupe refusa de voter les crédits pour les funérailles nationales de M. Deleassé « les socialistes — déclara *Blum* — ne pouvant s'associer à l'hommage rendu à une politique qu'ils avaient toujours condamnée ».

En juin, intervention de *Goude* dans la discussion de la loi (retour du Sénat) sur l'emploi des mutilés.

Le 9 juillet, intervention de *Couteaux* sur la convention commerciale franco-luxembourgeoise,

Le 10 juillet, intervention de *Barthe* dans la discussion du projet relatif aux pétroles.

La Réforme électorale

La discussion fut amorcée le 7-14-21-28 mars. La Chambre bavarda sans intérêt quatre mercredis durant sur le nombre des députés, l'étendue des circonscriptions, repoussa par 459 voix contre 70 le projet du gouvernement maintenant pour la prochaine législation le nombre actuel des députés, puis renvoya après les vacances de Pâques.

Elle revint les 19-24 juin, 9 juillet; discours de *Bracke* et de *Groussier* en faveur de la R. P. juste et loyale et ils indiquèrent les modifications indispensables à apporter pour obtenir une vraie R. P. et celles nécessaires pour le vote des socialistes; puis nouveau renvoi à la session extraordinaire qui ne devait s'ouvrir que le 13 novembre.

Le 22 novembre, intervention de *Varenne* demandant la suppression de la prime à la majorité absolue. Le groupe fut unanime dans les divers votes émis; disjonction pour rapport spécial de la proposition d'Iriart d'Etchepare (circonscription à grande étendue) suppression des listes incomplètes.

La discussion se poursuit les 27-29 novembre, 4-6-11-13 décembre. *Bracke* combattit l'amendement Israel réintroduisant la prime à la majorité absolue qui fut repoussé par 281 voix contre 280 (scrutin 916 du 29 novembre). Tous les socialistes votèrent contre, sauf Claussat, abstenu.

Le 4 décembre, nouvel assaut des adversaires de la R. P. avec un nouvel amendement Israel-Klotz demandant la disjonction de l'article 4 établissant la suppression des primes à la majorité absolue et à la majorité relative. *Bracke* s'opposa à la disjonction en définissant une fois de plus ce que les socialistes admettaient comme minimum de R. P. à l'heure présente.

Au vote par 290 voix contre 275, la Chambre prononça la disjonction, enterrant ainsi la R. P. Tous les socialistes, sauf Claussat abstenu, votèrent contre la disjonction (scrutin n° 918).

Au cours de la même séance, *Bracke* et *Bouisson* défendirent l'amendement du groupe interdisant le panachage. Il fut repoussé par 105 voix contre 441. Tous les socialistes votèrent *pour*.

L'amendement du groupe prescrivant la distribution par l'administration d'une circulaire et des bulletins de vote fut renvoyé à la Commission dans la séance du 6 décembre, étant entendu qu'il serait rapporté dans le projet spécial.

Sur l'ensemble, *Blum* et *Bracke* exposèrent que le groupe

avait tout fait pour obtenir un minimum de R. P., qu'il voterait contre l'ensemble qui maintenait la loi détestable de 1919.

L'ensemble fut voté par 408 voix contre 127, tous les socialistes votant contre (scrutin n° 924 du 6 décembre).

La Chambre aborda ensuite les projets annexes. Le mardi 11 décembre, *Bracke* protesta contre l'abus de confiance qui consista à introduire le suffrage familial, empêchant le vote des partisans du vote des femmes. Par 404 voix contre 144, la Chambre refusa de disjoindre l'amendement Roulleaux-Dugage sur le vote familial et par 419 voix contre 75, vota la prise en considération. Les socialistes votèrent tous la disjonction et tous contre la prise en considération. Le 13 décembre, *Varenne* obtint le renvoi de la discussion, qui reprit quelques jours plus tard.

Interpellations socialistes non encore discutées

12 janvier. — *Aubry.* — Sur le retentissement sur l'opinion publique française de l'occupation de la Ruhr.

22 mars. — *E. Rognon.* — Sur les mesures prises par le gouvernement pour assurer dans la Ruhr le respect des libertés ouvrières.

31 mai. — *J. Uhry.* — Sur les mesures que compte prendre le gouvernement pour faire aboutir le projet d'amnistie.

Juillet. — *J. Lobet.* — Sur la non exécution des promesses faites concernant des rétrogradations injustifiées d'agents du réseau de l'Etat.

13 novembre. — *L. Escoffier.* — Sur l'application de la loi du 19 décembre 1917 qui réglemente les établissements dangereux, insalubres et incommodes.

13 novembre. — *A. Inghels.* — 1° Sur la disproportion existant entre les indemnités payées aux petits et aux gros sinistrés; 2° sur les attributions exagérées d'indemnité à certains sinistrés scandaleusement enrichis; 3° sur les lenteurs apportées au règlement

des indemnités aux petits sinistrés ; 4° sur les préjudices causés aux petits sinistrés avec les méthodes actuelles de paiement.

13 novembre. — *L. Escoffier.* — Sur la façon dont sont perçus les impôts sur les salaires.

13 novembre. — *Jean Félix.* — Sur les difficultés que le Crédit agricole continue à créer pour accorder aux mutilés de la guerre des prêts de longue durée.

13 novembre. — *Aubry, Lebas, Paul-Boncour.* — Sur les mesures que le gouvernement compte prendre : 1° pour faire procéder à la révision des traitements et salaires des fonctionnaires de l'Etat ; 2° en attendant cette révision pour porter à 1.800 francs l'indemnité de vie chère.

13 novembre. — *Valière* et *Compère-Morel.* — Sur les mesures que compte prendre le gouvernement pour remédier à la cherté croissante de la vie.

13 novembre. — *Jean Félix.* — Sur les mesures que compte prendre le Ministre de la Guerre pour éviter le retour d'incidents comme ceux de Nadillac-le-Roc où des militaires en tenue de service ont troublé la cérémonie d'inauguration du monument aux morts.

13 novembre. — *Bracke.* — Sur les retards préjudiciables à la classe ouvrière qui ont été apportés à l'exécution des mesures régulièrement décidées pour l'augmentation soit des pensions d'invalidité et de vieillesse, soit des pensions des victimes d'accidents du travail en Alsace et en Lorraine.

Rapports déposés par les Membres du groupe

5552. — *Marius Moutet.* — Commission des Affaires étrangères : Sur la convention franco-polonaise.

5633. — *A. Varenne.* — Commission des Finances : Sur la participation de l'Etat aux dépenses de construction du canal de Marseille au Rhône et travaux améliorant le port.

5683. — *E. Basly*. — Commission des Mines : Tendant à
l'extension des dispositions de la législation spéciale
de retraites des ouvriers mineurs au personnel des
industries annexes des exploitations minières.

5755. — *E. Barthe*. — Commission des Douanes : Sur le
régime douanier des produits marocains.

5864. — *L. Escóffier*. — Commission des Régions libérées : Sur une proposition relative au remploi des
indemnités pour dommages de guerre.

5872. — *M. Moutet*. — Commission des Affaires étrangères : Sur une ouverture de crédit pour participation
de la France à la Commission internationale de Ju-
ristes de La Haye.

5904. — *M. Moutet*. — Commission des Affaires étrangères : Sur la loi du 23 février 1923 créant un Tribu-
nal de première instance à Tiaret.

5993. — *E. Basly*. — Commission des Mines : Sur la législation spéciale des retraites des ouvriers mineurs
étendue au personnel des industries annexes.

6006. — *A. Varenne*. — Commission des Finances : Sur
les conditions de subvention de l'Etat aux communes
et départements pour l'organisation des services de
transports.

6077. — *Marius Moutet*. — Commission des Affaires étrangères : Sur la convention commerciale entre la
France et la Finlande.

6139. — *E. Rognon*. — Commission de l'Armée : Sur le
projet de cession à la ville de Longwy des immeubles
provenant des fortifications déclassées.

6262. — *J. Claussat*. — Commission de l'Agriculture : Sur
la proposition de fixation du prix minimum d'achat
des betteraves.

6281. — *J. Claussat*. — Commission de l'Hygiène : Sur le
projet de loi sur les sanatoria affectés au traitement
de la tuberculose infantile.

6292. — *A. Varenne*. — Commission des Finances : Sur les modifications des droits perçus en vue de la délivrance du permis de conduire exigés pour la conduite des automobiles.

6584. — 22 novembre : *Goude*. — Commission de la Marine : Portant sur le projet modifiant la loi du 24 décembre 1896 sur l'Inscription maritime.

6682. — 30 novembre : *Arthur Groussier*. — Commission du Travail : Sur le projet de loi portant codification des lois ouvrières (livre IV du Code du Travail).

6768. — 13 décembre : *Saint-Venant*. — Commission du Travail : Sur la proposition de loi tendant à autoriser l'entrée des mutilés du travail dans les écoles de rééducation professionnelle des mutilés et réformés de guerre.

6775. — 13 décembre : *Locquin*. — Commission de l'Enseignement : Sur la proposition Locquin tendant à reconnaître aux agents des services des lycées nationaux la qualité d'agents de l'Etat.

6794. — 14 décembre : *Ringuier*. — Commission des Régions libérées : Etendant le bénéfice de la loi du 17 avril 1919 à plusieurs catégories de personnes ayant perdu ou n'ayant pas encore acquis la nationalité française au jour du dommage.

Propositions de Loi déposées par les Membres du groupe

5423. — 11 janvier : *Georges Richard*. — Tendant à instituer des délégués à la sécurité des ouvriers houilleurs à la surface. (Renvoi Commission des Mines.)

5449. — 18 janvier : *Georges Richard*. — Tendant à modifier la loi du 8 juillet 1890 et à étendre le pouvoir des délégués mineurs. (Renvoi Commission des Mines.)

5479. — 24 janvier : *E. Barthe*. — Modifiant le tarif général des Douanes en ce qui concerne les Mistelles. (Renvoi Commission des Douanes.)

5487. — 25 janvier : *R. Evrard.* — Tendant à la création d'Ecoles primaires nationales destinées aux enfants des bateliers. (Renvoi Commission des Finances.)

5515. — 1er février : *Couteaux* et *François Lefebvre.* — Concernant la participation de certaines sociétés industrielles aux charges résultant de la construction d'Ecoles publiques. (Renvoi Commission administration générale et Finances.)

5534. — 6 février : *Couteaux.* — Modifications à la législation des Accidents du Travail. (Renvoi Commission Assurances sociales.)

5522. — 6 février : *E. Rognon.* — Tendant à modifier l'article 19 de la loi du 31 mars 1919 sur les Pensions militaires. (Renvoi Commission des Pensions.)

5577. — 15 février : *A. Inghels.* — Ayant pour objet de reviser tous les dommages de guerre, tant mobiliers qu'immobiliers, industriels ou agricoles des sinistrés bénéficiaires de la loi du 17 avril 1919. (Renvoi Commissions des Régions libérées et Finances.)

5627. — 21 février : *L. Escoffier.* — Tendant à modifier les articles 419 et 420 du Code pénal (Hausse illicite des marchandises). (Renvoi Commission de législation civile et criminelle.)

5681. — 27 février : *Escoffier-Lebas.* — Portant modification de l'article 8 de la loi du 9 avril 1892 sur les Accidents du Travail. (Renvoi à la Commission d'Assurance et Prévoyance sociales.)

5718. — 5 mars : *J. Uhry.* — Complétant la loi du 17 avril 1919 sur les dommages de guerre. (Renvoi Commissions Régions libérées et Finances.)

5767. — 13 mars : *Couteaux.* — Concernant la représentation des employés des Mines dans le Conseil d'administration de la Caisse autonome des retraites des ouvriers mineurs. (Renvoi Commission des Mines.)

5768. — 13 mars : *Couteaux.* — Tendant à modifier la loi du 14 juillet 1905 sur l'assistance aux vieillards, infirmes et incurables privés de ressources.

5812. — 16 mars : *Evrard, Aubry, Auriol.* — Tendant à instituer le vote par correspondance en faveur des inscrits maritimes bateliers, cheminots et postiers du service ambulant, absents de leur commune au moment des Elections. (Renvoi Commission du suffrage universel.)

5935. — 8 mai : *Aubry.* — Tendant à accorder à tous les tuberculeux de guerre le taux de 100 pour 100 et le bénéfice de l'article 10 de la loi du 31 mars 1919 sur les pensions militaires. (Renvoi Commissions des Pensions et des Finances.)

5936. — 8 mai : *J. Uhry.* — Tendant à modifier l'article 5 de la loi du 17 avril 1919 sur le remploi des dommages de guerre. (Renvoi Commissions Régions libérées et Finances.)

5941. — 8 mai : *J. Mouret.* — Tendant à organiser l'assurance contre le chômage. (Renvoi Commissions Assurances sociales, du Travail, des Finances.)

5971. — 8 mai : *François Lefebvre* et *Couteaux.* — Tendant à modifier le barême de répartion des dépenses de l'Assistance médicale gratuite (Loi du 15 juillet 1893).

6018. — 22 mai : *J. Locquin.* — Tendant à reconnaître aux agents des Lycées nationaux la qualité d'agent de l'Etat. (Renvoi Commissions Enseignement et des Finances.)

6026. — 23 mai : *Escoffier* et *Evrard.* — Portant modification à la loi du 24 juin 1919, sur les réparations à accorder aux victimes civiles de la guerre. (Renvoi Commissions Régions libérées et Finances.)

6040. — 24 mai : *Aubry.* — Ayant pour objet le réajustement des traitements des employés des P.T.T. (Renvoi Commissions P.T.T. et Finances.)

6058. — 25 mai : *Jean Locquin.* — Tendant à compléter l'article 35 de la loi du 31 mars 1919. (Renvoi Commission des Pensions et des Finances.)

6112. — 7 juin : *J. Uhry.* — Relative aux traités de gré à gré à passer par les Maires. (Renvoi à la Commission d'Administration générale.)

6315. — 3 juillet : *A. Chaussy*. — Tendant à modifier l'article 51 de la loi relative aux Conseils généraux.

6396. — 6 juillet. — *Claussat*. — Tendant à assimiler les cantonniers départementaux aux cantonniers des routes nationales.

6427. — 10 juillet : *Lobet*. — Tendant à modifier la loi du 22 juillet 1922, relative aux retraites des agents de chemins de fer secondaires, intérêt local et tramways. (Renvoyé à la Commission des Travaux publics et Finances.)

6482. — 12 juillet : *Vincent Auriol*. — Ayant pour objet de modifier le titre III de la loi du 31 mars 1919, relative aux pensions à accorder aux ascendants des militaires morts pour la France.

6497. — 13 novembre : *L. Ringuier*. — Ayant pour objet de maintenir aux femmes titulaires d'un titre de dommages de guerre le droit aux indemnités prévues par la loi du 17 avril 1919 en cas de mariage avec des étrangers. (Renvoi Commissions des Régions libérées et des Finances.)

6513. — 13 novembre : *A. Inghels*. — Tendant à dédommager le locataire d'un fonds de commerce privé du droit de report au bail sur un immeuble reconstruit. (Renvoi Commissions des Régions libérées et de Législation civile.)

6606. — 22 novembre : *Chaussy*. — Tendant à modifier la loi du 15 décembre 1922, étendant aux exploitations agricoles la législation sur les accidents du travail. (Renvoi à la Commission du Travail.)

6632. — 27 novembre : *Barthe*. — Tendant à tenir trimestriellement compte de l'indice général des prix pour la fixation des traitements des fonctionnaires de l'Etat sur la base des taux d'avant-guerre. (Renvoi à la Commission des Finances.)

6633. — 27 novembre : *Goude* et *Masson*. — Tendant à allouer une indemnité de vie chère aux enfants et orphelins des inscrits maritimes titulaires de pensions. (Renvoi à la Commission.)

6687. — 4 décembre : *Ringuier*. — Ayant pour objet de soumettre aux Comités de préconciliation centraux ou départementaux tous les dossiers de dommages de guerre supérieurs à 500.000 francs de pertes subies. (Renvoi aux Commissions des Régions libérées et des Finances.)

6724. — 7 décembre : *E. Rognon*. — Ayant pour objet de compléter l'article 16 de la loi du 31 mars 1919 sur les pensions.

6787. — 13 décembre : *Valière*. — Tendant à accorder le droit de vote par correspondance aux travailleurs éloignés de leur domicile légal.

• Propositions de résolutions

5617. — 20 février : *Barthe*. — Tendant à assurer la défense du marché vinicole.

5769. — 13 mars : *Couteaux*. — Invitant le gouvernement à accorder des facilités de paiement aux contribuables des régions libérées.

6215. — 22 juin : *Masson*. — Invitant le gouvernement à déposer d'urgence un projet de loi allouant une indemnité de vie chère aux bénéficiaires de la loi des retraites ouvrières et paysannes.

6285. — 29 juin : *Escoffier*. — Invitant le gouvernement à hâter la mise à l'ordre du jour et la discussion des propositions de loi, tendant à combler les lacunes de la loi du 9 avril 1898 sur les accidents du travail.

6375. — 5 juillet : *Barthe*. — Tendant à l'amélioration des transports franco-algériens et à développer la culture des Tabacs et assurer les récoltes complémentaires de la Métropole en Algérie.

6811. — 17 décembre : *Goniaux*. — Tendant à envisager la libération du deuxième contingent de la classe 1922 en temps utile pour leur permettre d'exercer leur droit électoral aux élections législatives de 1924.

Au Sénat

Au Sénat *Bouveri* défendit, le 17 janvier, l'amendement déposé avec G. Fourment, exemptant de la taxe sur le chiffre d'affaires, les travaux à façon effectués par les artisans ou les associations ouvrières.

L'amendement fut repoussé.

En mai, *Bouveri* défendit la journée de huit heures en démontrant qu'elle n'était pas une cause d'affaiblissement de la production, et que du reste les travailleurs ne se laisseraient pas ravir cette conquête. Il solidarisa les ouvriers et les paysans dont les intérêts sont les mêmes contre le capitalisme.

Le 14 juin, *Gustave Fourment* interpella sur les tracasseries et persécutions des fonctionnaires Herpe, Pichon, Giraudet, Mosgkowski, Barel, Spinelli, Gueffut, etc., frappés à cause de leurs opinions socialistes ou communistes.

Toutes ces mesures furent prises par le Gouvernement pour sacrifier aux haines du Bloc national. Il réclama la libération de Marty emprisonné, alors que d'autres officiers coupables ne sont pas encore punis.

Le Gouvernement ne put obtenir son ordre du jour de confiance et dût se contenter de l'ordre du jour suivant :

Le Sénat convaincu que le personnel enseignant saura toujours concilier l'exercice de la liberté politique avec le respect de ses droits professionnels et celui des lois de la République, passe à l'ordre du jour.

Le 22 novembre *Bouveri* intervint dans la discussion de la loi sur les loyers avec Fourment; ils votèrent contre l'augmentation du taux. *Bouveri* intervint également dans la discussion de la loi sur les Habitations à bon marché, le 28 novembre, en signalant les spéculations des sociétés immobilières.

A noter une intervention de *Bouveri* dans la discussion du projet de pensions, en faveur des retraités de l'Imprimerie nationale.

RAPPORT FINANCIER

présenté par le citoyen GRANDVALLET

Trésorier général du Parti

En prenant après le vote du budget prévisionnel les décisions : 1° de publier des numéros spéciaux du *Socialiste* afin de vulgariser dans la masse ouvrière les rapports à l'étude devant le parti sur les points qui doivent servir de plate-forme électorale; 2° d'octroyer une subvention au deuxième secteur de Paris, le Congrès de Lille mettait l'équilibre du budget quelque peu en péril à la veille de la campagne électorale.

Le bureau de votre C. A. P. résolut donc de comprimer toutes les dépenses qui pouvaient l'être sans trop compromettre la bonne marche du Parti, et de faire tous ses efforts pour faire rentrer les créances arriérées.

C'est ainsi que sur le budget prévisionnel adopté à Lille, vous pouvez constater une économie globale de 6.306 fr. 67 sur le chapitre *Administration* et de 1.750 fr. sur celui des *Dépenses imprévues.*

Mais au chapitre *Propagande* vous constaterez un dépassement de crédit de 6.280 fr. 85 provenant de l'édition des journaux et des tracts, ainsi que de l'augmentation de traitement de Théo Bretin. Les subventions accordées aux fédérations de la Seine et de Seine-et-Oise pour leurs élections complémentaires en furent également cause.

Le chapitre *Congrès* marque lui aussi un dépassement de 8.400 fr. 95 dû à l'organisation particulièrement difficile du Congrès, ainsi qu'à l'impression et l'envoi des rapports moraux et financiers et de ceux ayant trait au programme à *toutes les sections* du Parti.

La position géographique de Lille et la représentation de presque l'unanimité des fédérations influencèrent également fortement sur le montant des remboursements des frais de voyage.

Si vous examinez les recettes vous remarquerez : que sauf la plus-value de 4. 814 fr. 20 sur les cotisations statutaires qui provient surtout de l'activité des fédérations, celle de 17.107 fr. 80 provenant des cotisations arriérées 1922 et des cotisations supplémentaires de 1921 ; ainsi que celle de 1.884 fr. 79 sur recettes diverses est bien due en grande partie aux efforts de votre C. A. P.

La cotisation des élus marque une moins-value de 790 francs par suite de la démission du citoyen Barthelemy, député du Pas-de-Calais ; mais là aussi il devrait y avoir en réalité une plus-value, car la date à laquelle j'ai été obligé d'arrêter les comptes de l'exercice a empêché le trésorier du groupe parlementaire de me faire parvenir les cotisations de novembre et de décembre. Aussi l'on doit constater que les efforts de la Commission de contrôle pour diminuer le montant du retard de ces cotisations n'ont pas été vains.

Compte Cotisations Supplémentaires 1921

Ce compte reste cette année débité de 98.360 60
Il fut crédité : •

   En 1921 de 14.207 40
   — 1922 — 8.785 95   39.268 60
   — 1923 — 16.275 25

   Il reste donc dû .... 59.092 »

Votre C. A. P. demande au Congrès d'inviter les fédérations non libérées à continuer leurs efforts, la campagne électorale terminée, pour récupérer par des conférences, des fêtes ou tout autre moyen les sommes dues du chef de cette cotisation.

Vous trouverez ci-après un tableau comparatif des versements restant à opérer et le pourcentage de l'effort accompli par chacune des fédérations.

L'effort total a été accompli dans 34 départements ; il a été de 50 à 100 % dans 13 départements ; de 30 à 50 % dans 18 départements ; de 10 à 30 % dans 13 départements, et de moins de 10 % dans 3 départements.

Mais de ce côté-là aussi les efforts seront continués jusqu'à un règlement régulier.

BILAN au 31 Décembre 1923

ACTIF			PASSIF	
Avoir disponible :			Dû sur Exercice 1923	13.839 50
En Caisse	1.724 »		— Compte liquidation 1920 . . .	98 593 92
Petite Caisse.	163 »		— Sur socialistes non édités. . .	812 35
Compte courant 190 . . .	40.776 06	53.665 56	— Rembour: voyage, propagande.	319.70
Compte courant 259-33 . .	1.002 50			
Dépôt titre Banque Coop.	10.000 »			113.565 47
Avoir sur créances :				
Supplément 1921	59.092 »		Actif réel.	50.583 69
Dû pr fédér. cot. ordin. 1922	305 70			
— cotisation 1923	315 »		Total	164.149 16
— Propagande. .	1.127 »			
— Oise . . 1921	2.662 70	104.734 60		
— Côtes-du-Nord	1.304 05			
Dû par Uhry . . . 1919	5.344 »			
— Groupe parlement.	16.000 »			
— Élus Municipaux .	570 »			
— Librairie	18.014 15			
Mobilier et divers :				
Obligations *Humanité* . .	300 »			
Matériel	5.000 »	5.300 »		
Bibliothèque, Archives (pr *mémoire*).				
Caisse de Solidarité :				
Stock de 449 insignes . .	449 »	449 »		
Total		164.149 16		

RECETTES

I. Cotisations statutaires :

47.980 cartes perpétuelles		
50.449 feuilles cotisations annuelles....	49.919 70	
8.702 règlements		147.814 20
392.178 timbres	97.894 50	
Sur cotisations 1922...................	832 15	17.107 80
— supplémentaires 1921....	16.275 25	
— des élus parlementaires..	61.900 »	62.990 »
— — municipaux	1.090 »	

II. Recettes de propagande :

Dons et remboursements.............	351 10	
Vente de tracts, affiches, journaux......	4.803 75	5.154 85

III. Recettes diverses :

Imprévues	1.191 75	
Intérêts des fonds placés.............	1.703 04	2.894 79

IV. Recettes de Solidarité :

Souscription	104 »	
Vente insignes	1.151 »	1.255 »

	237.216 64	237.216 64
A déduire cotisations 1923 reçues en 1922	13.991 30	13.991 30
	223.225 34	223.225 34
Reçu sur cotisations 1924.............	13.839 50	13.839 50

AVOIR AU 1er JANVIER 1923 :

Caisse	12.040 65	
Petite caisse	176 10	27.092 20
Compte courant n° 190...............	5.026 80	
Compte courant n° 259.33	9.848 65	
TOTAL DES RECETTES............	264.157 04	264.157 04

Nota. — Les Fédérations d'Alsace possédant encore une carte spéciale sont cause que le nombre de cartes P. est inférieur à celui des feuilles C.

L'EXERCICE 1923.

DÉPENSES

I. Frais d'administration :		
Personnel	61.800 »	
Frais du siège	598 05	
Frais de bureau	792 65	
Frais de correspondance	1.788 30	
Frais d'envoi	904 80	88.693 33
Matériel	788 25	
Archives et abonnements	567 85	
Dépenses diverses d'administration	393 53	
Impression de cartes et timbres	21.059 90	
II. Frais de congrès :		
Délégations internationales	5.698 70	
Cotisations internationales	3.500 »	
Congrès National : frais d'organisation	12.34 25	36 900 95
Congrès National : voyage des délégués	7.264 75	
Conseils Nationaux : frais d'organisation	364 30	
Conseils Nationaux : voyage des délégués	7.726 95	
III. Frais de propagande :		
Traitements des délégués	45.400 »	
Frais de voyage et de séjour	28.643 30	
Tracts, circulaires, affiches, journaux, etc.	10.251 50	88.480 85
Subventions à Fédérations	2.500 »	
Organisation de manifestations	1.686 05	
IV. Dépenses diverses :		
Imprévues	480 »	5.280 »
Retraites	4.800 »	
V. Caisse de solidarité :		
Secours	686 35	1.136 35
Achat d'insignes	450 »	
TOTAL DES DÉPENSES	220.491 48	220.491 48
AVOIR AU 20 DÉCEMBRE :		
Caisse	1.724 »	
Petite caisse	163 »	43.665 56
Compte courant n° 190	40.776 06	
Compte courant n° 259.33	1.002 50	
	264.157 04	264.157 04

FÉDÉRATIONS	CARTES annuelles au 20 décembre 1923	COTIS. SUPPLÉMENTAIRES 1921	
		Reste dû au 20-12-23	Pourcentage des versements
Ain	375	550 90	38,7
Aisne	446	436 75	16,6
Algérie	200	»	100
Allier	800	1.773 10	4,9
Alpes-Maritimes	35	»	100
Ardennes	736	652 70	43,2
Ariège	30	»	100
Aube	350	»	100
Aude	705	600 20	39,9
Ardèche	20	»	100
Aveyron	250	»	100
Bouches-du-Rhône	2.620	300 »	86,9
Basses-Alpes	9	»	100
Basses-Pyrénées	36	»	»
Bas-Rhin (Strasbourg)	1.500	3.577 05	35,5
Calvados	65	179 90	36,2
Cantal	50	»	100
Charente	100	212 30	37,5
Charente-Inférieure	405	»	100
Cher	200	»	100
Constantine	»	»	100
Corrèze	100	71 60	76,1
Corse	1	»	100
Côte-d'Or	145	»	100
Côtes-du-Nord	300	0 80	99,6
Creuse	400	511 50	30,3
Dordogne	150	»	100
Doubs	100	»	100
Drôme	210	»	100
Deux-Sèvres	175	»	100
Eure	140	169 85	32
Eure-et-Loir	115	»	100
Finistère	1.600	1.822 60	17,1
Gard	800	850 »	15
Gers	100	»	100
Gironde	1.500	1.430 60	37,3
Haute-Garonne	532	1.323 40	22.1
Hérault	1.756	1.057 05	41,2
Hautes-Alpes	100	35 75	85,7
Haute-Loire	»	»	»
Haute-Marne	»	»	»
Hautes-Pyrénées	20	»	100
Haut-Rhin (Belfort)	»	»	»
Haut-Rhin (Mulhouse)	1.500	430 40	82,7
Haute-Saône	434	530 »	47
Haute-Savoie	100	»	100
Haute-Vienne	2.000	3.652 »	26,9
Isolés	2	»	»

FÉDÉRATIONS	CARTES annuelles au 20 décembre 1923	COTIS. SUPPLÉMENTAIRES 1921	
		Reste dû au 20-12-23	Pourcentage des versements
Ille-et-Vilaine	250	193 25	61,3
Indre	150	»	100
Indre-et-Loire	415	610 05	39
Isère	1.162	1.672 80	20,3
Jura	»	»	»
Landes	»	»	»
Loir-et-Cher	200	675 70	13,8
Loire	139	»	100
Loire-Inférieure	530	987 65	10,2
Loiret	92	29 »	87
Lot	156	»	»
Lot-et-Garonne	119	414 »	48,2
Lozère	»	»	»
Martinique	»	»	»
Maine-et-Loire	315	92 30	69.4
Manche	50	»	»
Marne	380	»	100
Meurthe-et-Moselle	50	»	»
Meuse	25	13 »	93.5
Moselle (Metz)	20	»	100
Morbihan	120	104 60	64,3
Mayenne	»	»	»
Nièvre	266	»	100
Nord	8.000	10.890 65	42,6
Oise	700	»	100
Oran	»	»	»
Orne	200	232 60	41,8
Pas-de-Calais	4.250	11.336 »	7
Puy-de-Dôme	1.355	1.635 60	18,2
Pyrénées-Orientales	120	»	100
Rhône	1.154	1.625 »	9,7
Saône-et-Loire	928	616 »	60,2
Sarthe	300	514 55	35,6
Savoie	»	»	100
Seine	2.605	2.846 »	51,3
Seine-et-Marne	645	808 25	14
Seine-et-Oise	835	1.029 50	25,3
Seine-Inférieure	410	554 50	39,7
Somme	430	326 10	50,8
Tarn	652	»	100
Tarn-et-Garonne	100	»	100
Tunisie	50	»	100
Vaucluse	200	»	100
Vendée	144	»	100
Vienne	230	331 60	40,3
Vosges	470	729 »	27,1
Var	1.020	1.610 »	23,2
Yonne	»	»	»

RAPPORT DE LA COMMISSION DE CONTROLE

Le Congrès du Parti tenu du 3 au 6 février 1923, à Lille, avait désigné les camarades Inghels, Masson, Suzanne Gibault, Corgeron, Loyau, Navier et Nantillé, comme membres de la Commission de contrôle.

Cette dernière, à la date du 20 décembre, a tenu dix réunions qui ont été suivies avec assiduité par la presque totalité de ses membres. Seuls les camarades Navier et Corgeron n'ont pas assisté d'une façon régulière à nos travaux ; le second en raison de son état de santé relatif à son âge. Par contre, nos deux délégués parlementaires Inghels et Masson, méritent des éloges pour l'empressement mis à s'acquitter de leur tâche.

Il y a donc un progrès sérieux sur l'année 1922 et c'est avec tout le sérieux que comporte sa mission que la Commission de Contrôle a accompli sa besogne. Nous vous demanderons au moment de son renouvellement de confier son fonctionnement à des camarades également décidés à remplir fidèlement la mission dont vous les chargez.

Le court délai imposé pour faire les rapports a mis les contrôleurs dans l'impossibilité d'avoir connaissance du rapport financier qui partira à l'impression en même temps que le présent. C'est donc exclusivement de la vérification des livres et pièces comptables que nous vous entretiendrons.

Mois par mois et d'une façon scrupuleuse, l'examen en a été effectué et en même temps que nous constations la parfaite régularité des comptes et écritures, nous nous rendions compte également de la bonne méthode et de l'ordre qui président aux travaux du trésorier. Nous ne pouvons que nous féliciter et féliciter le camarade Grandvallet du soin minutieux qu'il met à tenir en règle et à défendre la caisse et les intérêts financiers du Parti.

Le maintien de nos effectifs qui sont même en léger

accroissement, permet d'espérer qu'après la période tourmentée qui s'est écoulée depuis la scission, nous allons repartir allègrement vers une augmentation rationnelle et continue assurant à notre Parti, la force, la vigueur et la combativité qui lui sont indispensables pour assurer le triomphe de notre idéal.

A Lille, nous avions attiré l'attention du Congrès sur les cotisations des élus parlementaires. Durant l'année écoulée, nous nous sommes efforcés de faire disparaitre la confusion qui s'est établie sur les versements des élus au moment de la soudure entre la trésorerie actuelle et l'ancienne. Un reliquat assez important restait dû d'une façon constante et ne permettait pas un contrôle suffisamment précis par la difficulté de situer exactement l'époque et le montant des retards. Nous pensons avoir réussi et bien qu'il reste encore quelques détails à régler, nous pouvons dire au Congrès que sur ce point également la clarté et l'exactitude règnent dans nos finances.

Sur notre intervention également, le Congrès avait demandé à notre camarade Uhry de s'acquitter du prêt que le Parti lui avait consenti et dont le remboursement se faisait attendre. Les engagements pris au début de l'année 1923 n'ont pas été entièrement tenus et le Congrès devra marquer sa volonté, à la veille de la consultation électorale de 1924, de réaliser l'apurement des comptes financiers du Parti.

Enfin, vous avez pu constater que la fermeté de nos principes, la fidélité à nos idées nous ramènent chaque jour quelques camarades dont les événements nous avaient séparés. Notre camarade Nadi est de ceux-ci, mais s'il est depuis juillet à nouveau parmi nous, il n'a pas été versé au groupe parlementaire par sa Fédération et s'autorise de cela pour ne pas effectuer les versements réglementaires imposés aux élus.

Nous ne nous étendrons pas sur l'illogisme qu'il y aurait à demander constamment aux militants de nouveaux sacrifices et de nouveaux devoirs, si nous n'exigions pas d'une façon absolue le respect de nos décisions et de nos statuts, aussi nous demandons d'une façon amicale, mais pressante à la Fédération de la Drôme et au citoyen Nadi qui a bien voulu reprendre avec nous la tâche commune, qu'il consacre sa bonne volonté par l'acceptation intégrale des charges et devoirs de chacun dans le Parti.

Sous le bénéfice de ces quelques observations, nous vous demandons, camarades délégués, de vous joindre à la Commission de Contrôle pour approuver la gestion financière de l'exercice 1924.

Pour la Commission :

Le Rapporteur,

R. NANTILLÉ.

RAPPORT DE LA COMMISSION DES FINANCES

sur le Budget provisoire 1924 (1er semestre)

La Commission administrative permanente vous propose de ne voter le budget de 1924 que pour une période de six mois. Nous ne pouvons en effet pas connaître à l'avance les résultats des élections législatives et vous savez qu'une partie de nos recettes que nous faisons figurer sous la rubrique recettes extraordinaires est constituée par la cotisation de nos élus parlementaires. A cette catégorie de recettes correspond cette année, conformément à une tradition ancienne que nous pouvons reprendre, les dépenses extraordinaires qui sont constituées par les traitements et les frais de séjour des délégués permanents.

Il faut se souvenir en effet que la création de la délégation permanente avait été décidée dans ces conditions.

Certes, cela ne veut pas dire que si nous n'avions plus d'élus nous ne devrions plus avoir de délégués permanents à la propagande, bien au contraire, mais dans ce cas-là il faudrait prévoir ou des recettes nouvelles ou une confusion des délégués permanents dans le personnel administratif. Nous ne croyons pas d'ailleurs qu'il y ait lieu de craindre cette éventualité, mais préférons n'établir le budget que pour six mois de façon à pouvoir, le cas échéant, rectifier tous les chapitres de ce budget pour la première partie de l'année.

Les recettes ordinaires ont été calculées sans optimisme exagéré puisque nous ne prévoyons que 25.000 cartes prises et 200.000 timbres et que ces chiffres ont été dépassés cette année. A ce propos, la Commission des finances croit devoir rappeler que le chiffre de 8 timbres par carte n'est pas un maximum, mais qu'il n'a été admis que pour permettre aux adhérents du courant de l'année d'être représentés, mais une carte prise en janvier devrait naturellement comporter 12 timbres et non 8.

Les dépenses ordinaires ont été calculées très strictement, peut-être trop, et cependant c'est ce semestre qui supporte les frais du Congrès et probablement d'un Conseil national.

Nous rappelons qu'il n'est possible d'aboutir à des dépenses aussi minimes que grâce aux conditions d'ailleurs déplorables dans lesquelles travaillent nos camarades du centre et sans qu'il soit rien compté pour le loyer et accessoires.

Quoi qu'il en soit et malgré une subvention de 500 francs pour les jeunesses socialistes et 500 francs pour la Fédération sportive du Travail, le total des recettes ordinaires fait ressortir un excédent de près de 5.000 francs sur les dépenses ordinaires. Ce solde joint aux recettes extraordinaires permet d'équilibrer le budget des dépenses extraordinaires. Il est vrai que nous prévoyons encore une rentrée de 5.000 francs de cotisations supplémentaires votées en 1921, mais par contre nous n'avons pu prévoir la rentrée des cotisations parlementaires que pour 5 mois alors que les dépenses sont prévues pour 6 mois.

Le budget de 1923 a pu s'équilibrer et les comptes du trésorier vous montrent qu'il n'y a pas de déficit; espérons que l'équilibre du budget de 1924, que nous demandons au Congrès de laisser fixer pour le deuxième semestre par le Conseil national, s'équilibrera avec des chiffres plus importants et que l'arrêt des comptes de fin d'année 1924 nous permettra d'enregistrer un excédent qui nous aidera à reconstituer nos réserves anciennes.

La Commission des finances vous demande enfin d'établir éventuellement un compte hors budget pour les recettes et les dépenses nécessitées par la campagne électorale prochaine, de façon à ne pas rompre un équilibre difficilement atteint.

Pour la Commission des Finances :

Le Secrétaire,

Gaston Lévy.

Budget prévisionnel pour 1924

(1er semestre)

RECETTES ORDINAIRES

Cotisations des sociétaires.:

25.000 cartes	12.500	»	
200.000 timbres	50.000	»	
	62.500	»	62.500 »

RECETTES EXTRAORDINAIRES

Cotisations des élus :

52 élus parlementaires (5 mois)	26.000	»	
12 élus municip. Paris (6 mois)	720	»	
Intérêts des fonds placés	1.000	»	
Cotisations supplémentaires 1921 ..	5.000	»	
	32.720	»	32.720 »
TOTAL DES RECETTES			95.220 »

DÉPENSES ORDINAIRES

Dépenses diverses :

Frais d'administration, personnel	32.100	»	
Frais du siège	200	»	
Frais de bureau	400	»	
Frais de correspondance	800	»	
Frais d'envoi	450	»	
Matériel	300	»	
Archives et abonnements	50	»	
Dépenses diverses d'administration	25	»	
	34.325	»	34.325 »

Report.............................. 34.325 »

Frais de Congrès :

Délégations internationales	2.000	»
Cotisations internationales	2.000	»
Congrès national (organisation)	1.500	»
Congrès national (remboursement de frais de délégués)..	7.500	»
Conseil national (organisation).	500	»
Conseil national (remboursement de frais de délégués)........	3.600	»

17.100 »   17.100 »

Frais de propagande :

Fêtes, réunions de propagande et manifestations diverses ...	1.000	»
Tracts, journaux, brochures, etc.	1.000	»
Subv. aux fédérations d'Alsace pour impression en langue allemande du Règlement	500	»
Solidarité et retraites	2.900	»
Jeunesses et Fédération Sportive du Travail	1.000	»

6.400 »   6.400 »

Dépenses imprévues ....   95 »

TOTAL DES DÉPENSES ORDINAIRES..   58.920 »

DÉPENSES EXTRAORDINAIRES

Délégués permanents (traitements) 22.200 »
Frais de voyage et séjour .... 15.000 »

37.200 »   37.200 »

TOTAL DES DÉPENSES ....   95.220 »

ANNEXES

RAPPORT SUR LE " POPULAIRE "

Du Congrès de Lille au Congrès de Marseille

La vie du *Populaire* entre ces deux Congrès n'est encore, hélas ! que le récit de ses difficultés matérielles.

Celles-ci se sont accrues au point que si la C. A. P., le Conseil d'administration et de direction du journal n'avaient pas provoqué l'ouverture d'une souscription extraordinaire pour sauver le *Populaire* il eut été inutile de présenter un rapport sur sa vie. Il eût suffi d'une compte rendu de sa fin.

Ses embarras pécuniaires s'expliquent, d'une part, par le fait que les décisions de Lille n'ont été exécutées que partiellement et par la diminution des recettes, d'autre part par l'accroissement des dépenses.

Le Congrès de Lille avait voté une résolution aux termes de laquelle serait ouverte une souscription remboursable de 350.000 francs à caractère d'emprunt garanti par les Fédérations dans une mesure proportionnelle au nombre de leurs cotisants ; les membres du Parti atteignant le chiffre de 50.000, chacun de ces derniers devait donc participer à cette souscription pour une somme qui ne pourrait être inférieure à 7 francs et dont le versement serait effectué au cours de l'année.

Le Congrès avait, en outre stipulé que les Fédérations ne possédant aucun quotidien devaient obtenir un pourcentage d'abonnements s'élevant au moins au tiers de leur effectif et que toutes les sections devaient contracter obligatoirement un abonnement au *Populaire*.

Le Congrès, par surcroît, avait invité les Fédérations à décider que tous leurs adhérents seraient tenus de s'abonner à l'organe central du Parti.

Au début de novembre, le montant de la contribution prélevée sur le Parti n'avait pas atteint 124.000 francs (1)

---

(1) Elle était aux environs du 20 décembre de 150.000 francs.

dont 50.000 francs versés immédiatement par la Fédération du Nord.

Quant aux abonnés, loin d'augmenter, ils ont diminué, comme en le verra plus loin.

Ajoutons également que le nombre des « Amis Constants » du *Populaire*, non seulement ne s'est pas accru, malgré une exhortation à ce sujet du Congrès de Lille, mais que les 20 mois de cotisation sont arrivés à échéance...

Ainsi donc les ressources n'ont pas donné le résultat espéré.

Quant aux recéttes elles ont été frappées de diminution.

De février à novembre, les abonnements ont baissé dans la proportion de 12 % et la vente totale dans une proportion de 17 % (2).

Les causes de cette diminution sont complexes et multiples.

Nous devons signaler que contraint à une pénurie de publicité, à une restriction de tirage et à un resserrement de sa rédaction, le *Populaire* devenait dans la lutte quotidienne que se livrent les journaux pour leur développement, un concurrent désarmé.

L'apparition du *Quotidien*, lancé à grand renfort de publicité, essayant avec des préoccupations sociales d'atteindre le milieu de lecteurs dans lequel nous puisions, devait inéluctablement entraîner pour nous un amoindrissement de la vente et une perte d'abonnés.

Nous avons noté la moins-value des recettes ordinaires et extraordinaires; il nous a fallu enregistrer une majoration de dépenses.

L'augmentation du papier (10 % environ de février à décembre), des typos et des correcteurs, les frais nécessités par la page supplémentaire hebdomadaire (papier, tirage, rédaction, etc.) ont accru les dépenses de 6.000 francs environ par mois.

Bien que des ressources supplémentaires aient été cherchées et trouvées comme, notamment, la location du rez-de-chaussée signalée dans le rapport sur la Librairie, le déficit mensuel du journal, conséquence directe de la dimi-

---

(2) Des renseignements détaillés seront fournis oralement au Congrès sur chacun de ces points.

nution des recettes et de l'accroissement des dépenses, qui avait été ramené de 40.000 francs en janvier 1922, à 24.000 francs en janvier 1923, a atteint 38.000 francs en 1923 pour se stabiliser aux environs de 28.000 francs dans les derniers mois de l'année 1923.

Le Conseil d'administration et de direction du *Populaire* se trouvant acculé à la disparition du journal décida au début de novembre, en raison de la proximité des élections de 1924, d'adjurer le Parti de tenter un suprême effort pour assurer la vie de son organe, tout au moins jusqu'aux élections.

Le développement de cette souscription est suffisamment satisfaisant pour que l'on puisse estimer que le journal paraîtra jusqu'à la date indiquée.

Les résultats des élections auront une importance capitale pour la vie du *Populaire* qui devra après celles-ci être réorganisé selon des principes directeurs que nous avons déjà envisagés.

L'Administrateur délégué :

COMPÈRE-MOREL.

RAPPORT DE LA LIBRAIRIE POPULAIRE

Le Conseil d'Administration et de Direction du *Populaire* a estimé indispensable la publication d'un rapport succinct sur la Librairie Populaire, dont le statut a été modifié au au cours de l'année courante.

Aux termes d'un accord passé oralement entre notre regretté camarade Paoli, administrateur du *Populaire*, et le citoyen Binet, accord enregistré par le Conseil d'administration, le 22 avril 1921, il avait été décidé que la Librairie serait gérée par le camarade Binet, sous le contrôle de l'administration du journal, celle-ci, aménageant le local et le camarade Binet assurant le fonds de roulement.

Le 7 mars 1922, le Conseil d'administration et de direction du journal ratifiait un accord conclu par lettres échangées entre le citoyen Binet et le citoyen Compère-Morel, administrateur délégué du *Populaire*.

Cet accord stipulait que « la Librairie étant un service commercial dépendant du journal, sera autonome pour sa gestion, mais devra chaque mois fournir au comptable du *Populaire* les éléments nécessaires pour la passation des écritures ».

Entre autres dispositions, était également convenu : « qu'aux frais généraux de la Librairie devra figurer le prix du loyer (chauffage, éclairage, ainsi que les autres charges) fixé à 4.000 francs et payable chaque trimestre ».

Au cours de l'année 1922 le délégué à la Librairie se plaignant de manquer de personnel, d'autre part, certaines des obligations du dernier accord intervenu n'étant pas remplies, le Conseil d'Administration et de Direction du *Populaire* fût ainsi amené à se préoccuper de la situation de la Librairie.

Une commission composée de plusieurs membres fut nommée et chargée d'étudier son fonctionnement.

Elle élabora un rapport émanant des citoyens Courmont, Gaillard et Le Trocquer, qui fut lu à la séance du Conseil d'Administration et de Direction du 23 octobre 1922.

Ce rapport se terminait ainsi :

La Commission ne juge pas la gestion du camarade Binet, délégué à la Librairie; elle ne la critique ni ne la blâme, mais elle conclut que ce service doit être réorganisé complètement sous le contrôle et par des moyens que jugera convenable de nous proposer l'administration du journal.

La Commission demande donc qu'à partir du 1er janvier 1923, le citoyen Binet soit remboursé de ses avances à la Librairie, tout en restant chargé du service et placé sous le contrôle direct de l'administration du journal.

A la suite de ce rapport, le Conseil d'Administration et de Direction désigna successivement plusieurs de ses membres pour examiner les moyens de tenir compte des conclusions de sa Commission en étudiant la réorganisation de la Librairie avec le citoyen Binet.

Le Conseil, d'ailleurs, allait se trouver devant un problème que le déficit accru du journal devait poser.

On a vu, en effet, que la Librairie devait payer un loyer de 4.000 francs par an, mais elle ne versa, en réalité, qu'une somme de 1.000 francs depuis le début de l'accord.

Etant donné cette situation et aussi, et surtout, pour procurer au journal des ressources supplémentaires, l'administrateur-délégué proposa à la séance du Conseil du 19 juin 1923 que la Librairie fût transférée au 4° étage de l'immeuble occupé par le *Populaire* et les services du Parti et que le rez-de-chaussée dudit immeuble fût loué à un particulier, ce qui entraînerait pour le journal l'accroissement de ses ressources budgétaires.

Le Conseil d'Administration et de Direction à l'unanimité moins une voix, accepta la proposition de l'administrateur-délégué. Cette dernière décision allait précipiter la réorganisation de la Librairie.

Celle-ci fut transférée au 4° étage, la gérance supprimée par le départ du citoyen Binet et la gestion de la Librairie

Populaire confiée entièrement à l'Administration du journal non sans que l'administrateur-délégué ne se fut élevé contre cette dernière solution qui augmentait considérablement sa tâche et à laquelle il avait opposé l'institution d'une société coopérative d'édition et de librairie socialiste qui, sous le contrôle politique de la C. A. P., bénéficierait d'une indépendance complète pour sa gestion technique et financière et pourrait rendre à la propagande du Parti des services importants.

Au point de vue financier, la solution adoptée entraîna immédiatement des avantages considérables, puisque le rez-de-chaussée fût loué 9.500 francs par an soit, pour le journal, en raison de la ristourne consentie au propriétaire afin qu'il donnât au *Populaire* l'autorisation d'accorder cette location, une augmentation de ressources qui s'élève à environ 7.500 francs par an.

Le 31 août 1923, date du départ du citoyen Binet, un inventaire de la Librairie fut établi. Il accusa un bénéfice de 2.227 fr. 50 pour les premiers mois de 1923, bénéfice duquel il faut déduire 984 fr. 30 montant de la patente 1922 payée après le 31 août 1923, plus le montant de la patente 1923 de janvier à fin août, soit 8 mois à 82 francs — en se basant sur la patente de 1922 — c'est-à-dire 656 fr. 20 auquel il faut ajouter une prime d'assurance de 200 francs, payée pour 1922, soit un total de 1.840 fr. 50, c'est-à-dire, en résumé, un excédent de recettes de 387 fr. 09.

La valeur du stock de marchandises était fixée le 31 août 1923 à 36.199 fr. 40.

A ce sujet, l'administrateur-délégué fit observer qu'il se trouvait dans ce stock un nombre assez considérable d'ouvrages dont la vente, s'il fallait les liquider, n'atteindrait pas le prix d'estimation d'une part, parce qu'ils ne répondaient plus ni au goût, ni aux besoins des lecteurs ; d'autre part, parce que fond de magasin ils ne pouvaient plus être décemment vendus sans diminution.

Si l'on considère les opérations de la Librairie depuis le 20 avril 1921, date de la fondation, jusqu'au 31 août 1923 (voir annexe ci-jointe), on pourra constater qu'elles se soldaient par un déficit de 4.303 fr. 17 auquel il convient d'ajouter la somme de 1.840 fr. 50, dont le détail est énuméré ci-dessus, soit en dernière analyse un déficit global de 6.143 fr. 67.

La date à laquelle nous imprimons le rapport ne nous permet pas de publier les résultats de l'inventaire de l'exercice septembre à fin décembre 1923. Ils seront communiqués oralenent au Congrès.

En ce qui concerne l'avenir et le développement de la *Librairie Populaire,* le système en vigueur ne peut évidemment être qu'un régime provisoire.

L'Administrateur-Délégué,

Signé : COMPÈRE-MOREL.

LIBRAIRIE

ACTIF

	31 décembre 1921	31 décembre 1922	31 août 1923
Matériel et mobilier	6.609 50	6.830 »	6.830 »
Caisse	2.526 85	173 17	2.877 99
Clients	21.964 10	23.478 54	14.558 31
Stock marchandises	46.701 45	46.414 05	36.199 40
M. D. G. (Compte Banque). . .	293 80	256 83	169 08
Fournitures à utiliser			1.329 90
Balance.		6.752 01	
	78.095 70	83.904 60	61.964 68

DÉTAIL DU COMPTE

DÉBIT

	31 décembre 1921	31 décembre 1922	31 août 1923
Amortissement Matériel et mobilier.	734 40		
Appointements	15.110 »	15.670 »	8.000 »
Frais généraux	3.752 30	11.844 78	3.546 23
Clients irrecouvrables		70 85	71 20
Solde créditeur ou bénéfices.	221 25		2.227 59
	19.817 95	27.585 63	13.845 02

Vente brute pour l'exercice 1921 (8 mois et demi) . . . 93.754.95
—   —   1922. . . . . 132.631 74
—   —   1923 (8 mois). 68.668.17

POPULAIRE

PASSIF

	31 décembre 1921	31 décembre 1922	31 août 1923
Binet.	7.758 80	10.770 »	9.895 80
Fournisseurs	63.120 15	59.021 85	43.605 05
" Le Populaire ".	6.995 50	11.773 45	4.985 14
Prêteurs		2.339 30	1.251 10
Balance.	221 25		2.227 59
	78.095 70	83.904 60	61.964 68

" PERTE ET PROFITS "

CRÉDIT

	31 décembre 1921	31 décembre 1922	31 août 1923
Vente.	19.805 95	20 819 79	13.808 87
Intérêts sur compte courant . .	12 »	13 83	36 15
Solde débiteur et pertes. . .		6.752 01	
	19.817 95	27.585 63	13.845 02

TABLE DES MATIÈRES

Rapport moral 3

Rapport administratif 5

Rapport des délégués du Parti à l'Internationale.. 68

Résolutions du Congrès international de Hambourg 74

Rapport du Groupe socialiste au Parlement......... 89

Travaux, réunions et interventions du Groupe...... 92

Rapport financier 127

Bilan au 31 décembre 1923 129

Comptes de l'exercice 1923 130

Tableau des cartes 1923 et versements des cotisations
  supplémentaires 1921 132

Rapport de la Commission de contrôle 134

Rapport de la Commission des finances 137

Budget prévisionnel pour 1924 139

Rapport sur le *Populaire* 143

Rapport sur la Librairie populaire 146

:: L'ÉMANCIPATRICE ::
IMPRIMERIE COOPÉRATIVE
3, RUE DE PONDICHÉRY
PARIS (XVe) — 2047-1-24

BIBLIOTHEQUE   NATIONALE

SERVICE DES NOUVEAUX SUPPORTS

58, rue de Richelieu,   75084 PARIS CEDEX 02   Téléphone   266 62 62

Achevé de micrographier le   5 / 9 / 1977

Défauts constatés sur le document original

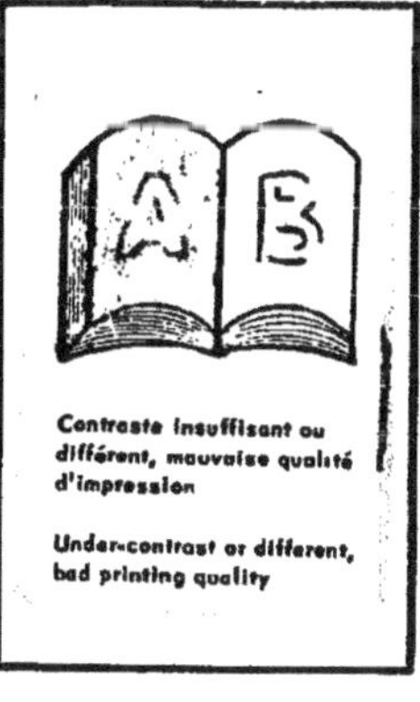

www.ingramcontent.com/pod-product-compliance
Lightning Source LLC
LaVergne TN
LVHW050617060726
842527LV00004B/1076